i

Persönlichkeit:
Lernfähigkeit
Sozialkompetenz
Intelligenz

Die Anwendung des Grundlagenbuchs
auf die Persönlichkeitsentwicklung ab Geburt

Aus der Reihe Gesellschaftsevolution

Die Bücher dieser Reihe bauen auf einer auf Naturwissenschaft aufgebauten Struktur des menschlichen Verhaltens auf, so wie es in Milliarden Jahren entstanden ist. Es bestimmt weit mehr unser tägliches Leben, als uns bewusst ist. Die Bewusstheit darüber vermag unsere Gesellschaft zu verändern. Die Persönlichkeit der Menschen darin ist eine notwendige Entwicklung.

Verlag Gesellschaftsevolution

Die Deutsche Bibliothek
Dieter Brandt:
Menschen sind / handeln:
Verlag Gesellschaftsevolution
ISBN: 978-3-9813086-1-7

© Verlag Gesellschaftsevolution

Alle Rechte, insbesondere die Rechte der Übersetzung in fremde Sprachen, sind vorbehalten. Kein Teil darf ohne schriftliche Genehmigung des Verlags fotokopiert oder in irgendeiner andren Form reproduziert oder in einer von Maschinen verwendbaren Sprache übertragen oder übersetzt werden.

Wir haben uns bemüht, sämtliche Rechteinhaber von Abbildungen zu ermitteln. Sollte uns dabei ein Fehler unterlaufen sein, bitten wir um unverzügliche Kontaktaufnahme zur Regulierung.

Umschlaggestaltung: 4Grad Visuelle Kommunikation
Bilder: fotolia
Druck und Verarbeitung:

Derzeit erschienen oder in Planung

Menschen sind: ☐ klug, ☐ primitiv, ☐ egoistisch, ☐ gierig, ☐ intelligent, ☐ unbewusst, ☐ gleichgültig, ☐ rücksichtslos, ☐ archaisch, ☐ dumm, ..

Ein natürlicher, logischer und dennoch höchst ungewohnter Ansatz legt die genetisch verankerten menschlichen Grundverhaltenskomponenten GVK offen. Als Darwin'sche Selektionskriterien treiben sie die unbewusste Evolution ab den frühesten Anfängen an. Bis heute wirken sie als Ursache und Antriebe für alle positiven und negativen Entwicklungen in der heutigen Gesellschaft. Ein Archaisches und ein Ethisches Grundgesetz dienen als Werkzeug zur objektiven Beurteilung jeglichen Verhaltens in der Gesellschaft. Und sie zeigen den Weg zu einer anderen Gesellschaft auf. (Grundlagenbuch)

Gott: mitschuldig?

Genetisch verankerte Grundverhaltenskomponenten GVK lassen sich als Ursache für die Entstehung von Glauben und Religionen aufzeigen, als die Selbstwahrnehmung entstand. Die Merkmale aller Religionen liegen zwischen Archaischem und Ethischem Grundgesetz, müssen also Menschgemacht sein. Eine Indizienkette unter Einschluss Gottes mutmaßlicher Geisteshaltung lässt seine Absichten vermuten - wenn es ihn gibt. Überraschende Ergebnisse zum Thema Glauben an Übernatürlichkeit und Religionen!

Persönlichkeit: Lernfähigkeit, Sozialkompetenz, Intelligenz

Lernen, Intelligenz, Sozialverhalten und Bildungssysteme sind Entwicklungen, dann Konsequenzen der unbewussten Evolution. Das evolutionär entstandene, genetisch verankerte Grundverhalten GVK sowie die Gehirnentwicklung erklären, wie rationale und emotionale Intelligenz entstehen. Man versteht, klarer als je zuvor, wie die Entwicklung von Persönlichkeit ab Geburt gefördert oder beschädigt werden kann - lebenslang. Eine stark erweiterte Sicht auf Bildung und Gesellschaft.

Arbeitstitel: **Archaische und intelligente Kommunikation**

Kommunikation ist Verhalten pur. Die genetisch verankerten Grundverhaltenskomponenten GVK lassen klarer als je zuvor verstehen, was uns im Umgang mit anderen Menschen antreibt - und wie. Verstehen Sie besser, auf welche Weise archaisch primitive Kommunikation zwischen Partnern zu Konflikten oder zwischen Medien und der Gesellschaft zur kulturellen Verflachung führt. Verstehen Sie Selbstkritik und Einfühlungsvermögen als ethische Alternative.

Arbeitstitel: **Ethischer Staat: Alternative oder Illusion?**

Staat und Gesellschaft, Führer wie Wähler sind unbewusst noch immer von archaischen Werten, den genetisch verankerten Grundverhaltenskomponenten GVK dominiert. Gegen die Symptome dieser Antriebe entwickelte der menschliche Geist nur Gesetze und Strafen. Bewusstheit um unsere menschliche Natur und die ethischen Alternativen lassen Eigenantriebe entstehen. Erkennen Sie besser, wie sich eine demokratische Gesellschaft weiter entwickeln müsste - unter Einschluss unserer tiefen Verhaltensantriebe.

Arbeitstitel: **Ethische Wirtschaft: Alternative oder Illusion?**

Kapitalismus? Sozialismus? Kommunismus? Die freie Marktwirtschaft ist die geradlinige Konsequenz archaischen Verhaltens der unbewussten Evolution: eigener Vorteil zu Lasten Anderer. Sie fährt die Gesellschaft gegen die Wand. Soziale Marktwirtschaft ist eher eine wohlklingende Worthülse. Bewusstheit um die archaisch- primitiven Antriebe kann einen Eigenantrieb für eine ethisch- wettbewerbsorientierte Wirtschaft mit anderen Werten erzeugen: Eine nachhaltige Wirtschaft ohne Gier, Ausbeutung und Umweltzerstörung.

Vorwort Gesellschaftsevolution
Die Absicht der Buchreihe

Fragen Sie sich auch hin und wieder, warum die Menschen nach so vielen Generationen noch nicht gelernt haben, ohne Kriege, Feindschaft, Egoismus, religiösen Hass, Macht- und Gewinngier, Ausbeutung und Umweltzerstörung zu leben oder ist das für Sie eher nur eine *philosophische* Frage?

„Das liegt in der Natur des Menschen", meinen Experten, Philosophen, Psychologen, Theologen, Pädagogen und Politiker und heben machtlos ihre Hände. „Da lässt sich nichts machen!"

Die Natur des Menschen ist sein *Verhalten* als *unbewusster* biologischer Organismus, der *Bewusstsein hinzu* gewonnen hat. Haben wir *unsere menschliche Natur* wirklich verstanden?

Unser *Bewusstsein allein*, unser sich selbst wahrnehmender Geist, gibt uns dieses Verständnis unserer eigenen Natur nicht. Er lässt uns weder automatisch erkennen, dass die unbewusste Evolution uns noch immer beherrscht noch, was uns darin gesellschaftsförderlich und - schädlich wirklich treibt.

Und so lang spielt unser Geist eine andere Rolle, als wir glauben.

In den Details solchen Verständnisses liegt aber die Lösung.

Mit einem *neuen Ansatz* legen die Bücher dieser Reihe die Natur des Menschen und sein bauart- bedingtes Verhalten offen, vielleicht klarer und glaubhafter als je zuvor. Auch die wahre Rolle von Geist und Intelligenz. Der ungewöhnliche, außerordentlich logische Ansatz liefert wirkliches Verständnis und einen Weg zu Lebensqualität und dauerhaftem Frieden.

Man versteht, dass und warum wir uns in allen Lebensbereichen des Alltags eher wie Schauspieler verhalten, die über Generationen weiter entwickelte Stücke spielen: Auf der Oberfläche der Bühne, vor den Kulissen - ohne den Drehbuchautor, das wirkliche Drehbuch und den Regisseur dahinter zu kennen.

Schon gar nicht deren Intention.

Hinter den Kulissen liegt aber das Verständnis darüber, was uns treibt. Dort liegt das Verständnis um unsere menschliche Natur. Und die Lösung.

Ein Grundlagenband schildert diesen Ansatz. Anwendungsbücher wie dieses setzen ihn in die Praxis des Alltags um: Lernen & Bildung, Frauen & Männer, Staat & Politik, Wirtschaft & Industrie, Glaube & Religionen sowie Kommunikation.

Die Bücher zeigen, wie durch tiefes Verständnis um uns selbst anstelle der unbewussten eine bewusste Evolution unserer Gesellschaft ohne die negativen Nebeneffekte möglich ist. Sie zeigen, woraus die gesellschaftsschädlichen Effekte der Natur des Menschen bestehen und wie man sie, mit Persönlichkeit, kontrollieren kann, nicht nur könnte.

So wird eine *Ursachenbehandlung* zusätzlich zur heutigen *Symptombekämpfung* möglich - mit enormem Potential.

Das Anzweifeln bisheriger eigener Überzeugungen ist der erste und wichtigste Schritt auf dem Weg durch diese Bücher. Es entspricht der Freigabe zu einer sonst tabuisierten Untersuchung. Es schafft die Möglichkeit, etwas Anderes, Neues zu denken.

Albert Einstein sagte das so: „Man kann die Probleme nicht mit den gleichen Denkmustern lösen, die sie verursacht haben".

Das andere Denkmuster besteht darin, unsere täglichen Wahrnehmungen nur als die Symptome von Ursachen und Antrieben zu verstehen, die unsichtbar hinter den Kulissen versteckt sind.

Neues, anderes Denken stößt immer gegen bisheriges. Es klingt daher oft nicht nur *anders*, sondern auch *verkehrt*. Nehmen Sie Ungewohntes vorab als These, Bekanntes als gemeinsames Verständnis und als Plattform für eine oft andere Schlussfolgerung.

Wer das verstanden hat, hält den Schlüssel für eine andere Welt in der Hand.

Die Absicht der Buchreihe ist, Bewusstheit darüber zu schaffen, dass wir uns in allen Lebensbereichen so lang nach den Gesetzen der unbewussten Evolution entwickeln, so lang unsere menschliche Natur dominiert. Die Kenntnis unserer eigenen, menschlichen Natur erlaubt uns stattdessen eine *bewusste* Evolution der menschlichen Gesellschaft.

Gesellschaftsevolution: Die Absicht der Buchreihe

Bevor die Sonne unsere Erde verbrennt,
könnten in unserer Zukunft
tausendmal mehr Generationen von Menschen
leben als in unserer Vergangenheit:
Unsere und deren Kinder.
Und da treiben wir so einen kurzsichtigen, dummen,
gleichgültigen, egoistischen, rücksichtslosen Raubbau
mit der Natur und uns selbst?
Sind wir verantwortungslos oder bescheuert?

Nein.

Es ist uns nur noch nicht bewusst,
dass Geist und Intelligenz heute noch meist
im Dienst unserer archaischen Antriebe stehen.
Sie sind Sklave der Natur des Menschen.

Mit Bewusstheit über unsere Antriebe
könnten wir Geist und Intelligenz aus der
unbewussten Dienerschaft befreien,
dadurch mit unser eigenen Natur besser umgehen
und so in der Zukunft der Menschheit
tausendmal mehr Generationen ermöglichen
als in der Vergangenheit.
Was das bedeutet?

Die menschliche Gesellschaft
entwickelt sich noch immer weitgehend
nach den Gesetzen der unbewussten Evolution

Unsere menschliche Natur steuert uns,
ohne dass wir das wirklich erkennen.

Das gilt für fast jeden Aspekt von
Erziehung, Lernen und Bildung:
Die Hebel der Persönlichkeitsentwicklung.

Die Absicht der Buchreihe ist es,
die genetischen Anlagen von Menschen
und eine bewusste Evolution unseres
gesellschaftlichen Bildungskonzepts zu fördern.

Persönlichkeit:
Lernfähigkeit
Sozialkompetenz
Intelligenz

Die Natur des Menschen sind seine genetisch verankerten Antriebe. Auf diesem Fundament baut das individuell Gelernte auf.

Gelernte Lernfähigkeit, entwickelte Intelligenz und die Fähigkeit zur ethischen Überlagerung der negativen Seiten unserer geerbten Grundverhaltenskomponenten GVK sind die Stellschrauben zur Persönlichkeitsentwicklung.

Das Buch will die Bewusstheit darüber fördern, wie und wodurch die Persönlichkeit eines Menschen, auf der Grundlage seiner evolutionsbiologischen Bauart gestärkt werden kann. Mit Persönlichkeiten wird eine andere Gesellschaft möglich.

Persönlichkeit

Inhalt

VORWORT GESELLSCHAFTSEVOLUTION DIE ABSICHT DER BUCHREIHE	VII
DIESES BUCH IST KEIN TYPISCHER RATGEBER	5
PERSÖNLICHKEIT UND LERNEN: MEHR ALS HEUTIGE SCHULEN?	7
Konsequenzen unzureichender Persönlichkeitsentwicklung	*10*
Der ungewöhnliche Ansatz zur Persönlichkeitsentwicklung	*13*
VERHALTENSMODELL DES MENSCHEN	17
Woraus besteht Verhalten?	*17*
Was unterscheidet die Lernschichten?	*21*
Was man wahrnehmen kann	*23*
Wie man lernt	*29*
Wie man reagiert	*31*
Kommunikation: Empfänger und Sender	*33*
Konditionierung und Manipulation	*36*
ARCHAISCHES GRUNDVERHALTEN UND GVK	39
Die Grundverhaltenskomponenten GVK	*39*
Mit den GVK allein lässt sich gut leben	*42*
ROLLE UND WIRKUNG DER GVK	47
Die GVK als Treiber und Selektionskriterien	*47*
Die GVK treiben Lernfähigkeit und Intelligenz	*48*
Die GVK erzeugen erfolgreiche Despoten	*52*
Die GVK fördern Egozentriker	*54*
GVK und die Entwicklung der Persönlichkeit	*59*
ETHISCHES GRUNDVERHALTEN	61
Eigenantrieb und Fremdantrieb	*62*
Die Entwicklung von Ethik mit Hilfe der GVK	*64*
Wie Ethische Regeln in den Lernturm kommen	*70*
ETHISCHE GEISTESHALTUNG	73
Geisteshaltung und Sozialkompetenz,	*73*
Archaisch dominant und ethisch bewusst	*76*
Die Sozialkompetenz eines Säuglings	*78*
Die Lernfähigkeit Erwachsener für Sozialkompetenz	*80*
GEHIRN: SPEICHER UND RECHNER	85
Intelligenz und Gehirnvernetzung	*89*
Lernen durch Schmerz & Angst	*91*
Lernen durch Motivation	*92*
GEHIRN UND GRUNDVERHALTEN	97
Verändert ein hoch entwickeltes Gehirn die GVK?	*97*
SELBSTWAHRNEHMUNG UND BEWUSSTSEIN	109
Entwicklung des Bewusstseins	*109*

Inhalt: Persönlichkeit

Schlechte Erfahrung: Zeugung eines Widersachers	*114*
Haben nur Menschen ein Bewusstsein?	*116*
WILLENSBILDUNG UND FREIER WILLE	**119**
Sachverhalte und Nützlichkeit, Gefühle	*119*
Wille: Auswahl und Auslösung von Reaktionsmustern	*122*
Wann ist der Wille eines Menschen also frei?	*125*
GESCHLECHTERVERHALTEN	**129**
ZEITLICHE LERNFENSTER	**133**
Die Lernschichten lernen zu verschiedenen Zeiten	*133*
Die genetische Lernphase	*134*
Die prägende Lernphase	*135*
Die emotionale Lernphase	*138*
Die rationale Lernphase	*139*
INHALTLICHE LERNFENSTER	**143**
Wann beginnt die Entwicklung zur Persönlichkeit?	*147*
VERHALTENSMUSTER AB GEBURT LERNEN	**153**
Was Kinder bei Kindergarteneintritt können sollten	*170*
Autoritär - Antiautoritär	*177*
Rahmen setzen	*179*
Sexuelle Liebe	*181*
Sexualverhalten vor und ab der Pubertät	*183*
TRANSAKTIONEN ZWISCHEN ELTERN UND KIND	**187**
Transaktionsanalyse	*187*
Transaktionen zwischen Eltern und Kind	*192*
KOMMUNIKATIONS- VIERECK	**195**
GESELLSCHAFTLICHE BILDUNG	**199**
Ganzheitliches Erziehungs- und Bildungskonzept	*200*
Gesellschaftliche Kommunikation und Bildung	*201*
WAS KÖNNEN BÜRGER UND STAAT TUN?	**207**
ANHANG WIE MAN DIE GVK FINDET	**211**
Wie kam es zu diesen Büchern?	*219*

Dieses Buch ist kein typischer Ratgeber

Es mag für Sie ungewohnt sein, ein Buch über Persönlichkeitsentwicklung, Lernen und Bildung in der Hand zu haben, das nicht sofort als Ratgeber mit Anleitungsrezepten erfahrener Menschen aus dem Bildungswesen oder der Psychologie beginnt.

Und es mag wie ein Ausrutscher erscheinen, dass dieses Buch in der ersten Hälfte so viel von der Evolution unbewussten Verhaltens berichtet, dazu noch auf Basis eines neuen Ansatzes.

Es ist kein Ausrutscher, sondern die Sicht auf das Thema „Persönlichkeit und dessen Entwicklung", unter Berücksichtigung unserer evolutions- biologischen Bauart.

Das Buch bringt Erkenntnisse aus unterschiedlichen Disziplinen zusammen, wo sie bisher getrennt voneinander betrachtet wurden. Solche Zusammenhänge bilden weit mehr Potential, als die Summe ihrer Teile: Tiefe Einblicke, warum Menschen so sind, wie sie sind.

Seien Sie also nicht verwundert über die Spannweite des Buchs: Evolution, Verhalten, Lernen, Gehirn, Gefühle, Wille, Ethik bis zu Persönlichkeit und Bildungssystemen lassen sich vorteilhaft im Zusammenhang betrachten.

Dazu konzentriert sich dieses Buch zunächst und vor allem auf die Vermittlung eines tiefen *Verständnisses, wie* und *warum* Menschen in *Wahrnehmung, Reaktion, Lernen* und *Verhalten* so funktionieren, wie sie funktionieren - als biologische, evolutionär entstandene Organismen.

Es legt so die wichtigsten Einflussgrößen und Stellschrauben für die Persönlichkeitsentwicklung offen und erläutert, wie sie wirken.

Erst dann befasst es sich damit, wie sie einzustellen sind.

Um die Stellschrauben eines hoch entwickelten, lernfähigen biologischen Organismus zu erkennen und zu verstehen, ist es notwendig, sich mit unserem Erbe, dem unbewussten Verhalten unbewusster Organismen zu befassen.

Das scheint nur schwierig: In Wirklichkeit ist es einfacher, strukturierter und verständlicher, als Sie möglicherweise annehmen.

Hat man das aber verstanden, erkennt man leicht die Ursachen von Erziehungsproblemen und die Qualität üblicher Lösungsratschläge. Handlungsrezepte erkennt man dann selbst. Man erkennt vor allem, wie *Lernen* im Bildungswesen und von Eltern *eigentlich* verstanden und weiter entwickelt werden muss.

> Seien Sie also nicht verunsichert, wenn Sie über mehr als die Hälfte des Buchs viel mehr von evolutions-biologisch entstandenem Verhalten lesen, als von unmittelbaren Ratschlägen zu Kindererziehung und Schule.
>
> Vermutlich werden Sie von Seite zu Seite immer mehr entdecken, dass ein tiefes Verständnis die bessere Grundlage ist für Ratschläge mit Rezeptcharakter.

Der hintere Teil des Buchs befasst sich dann mit der Anwendung solchen Verständnisses auf den Erziehungsalltag ab Geburt: Handlungsempfehlungen auf dieser Grundlage.

Das Buch mag für jeden hilfreich sein, der seine eigene Persönlichkeit besser und objektiver beurteilen und dann auch weiterentwickeln will. Es ist aber sicher besonders hilfreich für junge Eltern und solche, die es bald werden wollen.

Persönlichkeit und Lernen: Mehr als heutige Schulen ?

Schulisches Lernen und die Fähigkeit dazu sind nur ein kleiner *Bruchteil* dessen, was eine Persönlichkeit ausmacht. Das Verständnis dieses Buchs ist die Entwicklung der Persönlichkeit eines Menschen durch Gelerntes ab dem Beginn seines Lebens.

> Die Persönlichkeit eines Menschen entsteht ab
> Geburt durch die Fähigkeit zum Lernen,
> dann durch das Gelernte selbst.
> Auf dem Fundament genetisch programmierten Verhaltens.

Das ist auch der zentrale Aspekt, auf dem dieses Buch aufbaut: Unsere genetisch verankerten Grundanlagen, aufgefunden und offen gelegt mit Hilfe des angedeuteten neuen Ansatzes. [1]

Mit diesen geerbten, angeborenen Grundanlagen umfasst das Thema dann alles, was *ab Geburt* und davor die Entwicklung der Persönlichkeit eines Menschen ausmacht: Psyche, Charakter, Mentalität, Sozialkompetenz und fachliche Fähigkeiten: Die Entwicklung von *emotionaler* und *rationaler* Intelligenz.

Einfühlungsvermögen, Rücksichtnahme, Selbstbewusstsein einerseits oder Rücksichtslosigkeit, Gleichgültigkeit, Gewaltbereitschaft anderseits, die Spiritualität, die gesamte Psyche kommen nicht zufällig: Es ist bestimmt durch das im Gehirn Gespeicherte.

Ein- oder mehrspuriges Denken, Aufgeschlossenheit oder Verbohrtheit, Scheuklappen oder geistige Flexibilität, Konzentrationsfähigkeit oder Fahrigkeit, Beharrlichkeit oder Flüchtigkeit, Oberflächlichkeit oder Tiefgründigkeit sind Persönlichkeitsmerkmale, die bei kritischer Betrachtung bei jedem Erwachsenen leicht erkenn- und unter-

---

[1] *Der Ansatz selbst und seine allgemeinen Konsequenzen sind im Grundlagenbuch beschrieben.*

scheidbar sind. Letztlich bestimmen sie die *Fähigkeit, Neues* zu *lernen*, gleich in welchem Alter.

Macho oder Duckmäuser, Mitläufer oder Führungsperson, Handwerker, Wissenschaftler oder Unternehmer, Krimineller oder Terrorist:

> Gelerntes macht sie zu dem, was sie sind, auf dem Fundament ihrer genetischen Programmierung.

Und wie sie im Leben denken und handeln, in Ehe, Beruf oder Gesellschaft: Erstmal geboren, hängt es nur noch von dem ab, was sie jemals gelernt haben. Vom Arbeiter bis zum Minister. Das entscheidet über die Persönlichkeit eines Menschen.

Dabei ist die *Fähigkeit* eines Menschen zum Lernen die Grundlage zur gesamten Persönlichkeitsentwicklung.

- *Lernfähigkeit* besteht

    - einerseits aus dem natürlichen, angeborenen, geerbten, *nicht beeinflussbaren* Anteil - als Mensch,

    - andererseits aus einem *beeinflussbaren*, von jedem Individuum jeweils einzeln zu lernenden Anteil - als Ingeborg oder Dieter.

- Auch *Sozialkompetenz*, die Fähigkeit zu freundschaftlichen *Beziehungen* zu anderen Menschen, entsteht nicht von alleine: Die angeborene *Natur des Menschen* muss dazu mit gelernten ethischen Inhalten *überdeckt* werden.

- Auch die *menschliche Intelligenz* ist nur ein angeborenes Grundmerkmal, das durch Lernen ab Geburt noch ganz erheblich entwickelt werden kann: Völlig natürlich und spielerisch. Und deutlich über Sachwissen hinausgehend.

Sowohl der beeinflussbare Teil der Fähigkeit zum Lernen, wie auch die Vermittlung von Grundlagen der Sozialkompetenz und die Weiterentwicklung der Intelligenz beginnen beim Menschen mit der Geburt. Die wichtigste Phase hiervon endet nach einer relativ kurzen Zeit. Einige Aspekte davon noch vor der Kindergartenzeit. Und die *Lernfähigkeit* bestimmt das lebenslange *Lernen*. Auch Wille und Bereitschaft, Neues überhaupt prüfen zu wollen.

Die Intuition der Eltern reicht oft nicht mehr aus

Alle Fähigkeiten, die eine Persönlichkeit ausmachen, werden heute noch so *intuitiv vermittelt*, wie er von Kleinkindern auch *gelernt* wird. So intuitiv wie seit allen Zeiten, wie bei allen hoch entwickelten Tieren: Durch die Eltern und deren Intuition.

Elterliche Erziehungsintuition entwickelte sich aufgrund natürlich-biologischer Anforderungen vor archaisch langer Zeit. Aufgrund von Lebens- Randbedingungen, wie sie vor Millionen von Jahren bestanden, als unsere Ahnen noch Primaten oder deren Urahnen waren.

Genügt diese intuitiv vermittelte Fähigkeit zum Lernen noch den heutigen Anforderungen in unserer Industrie- und Wissensgesellschaft? In einer Zeit, in der Erwachsene kaum noch Schritt halten können mit den schnellen, durch sie selbst verursachten Veränderungen?

In einer Zeit, in der aufwachsende Kinder, mit Grundanlagen aus grauer Vorzeit, eher überfordert sind durch eine Flut von Eindrücken aus der Medienwelt und einem Überangebot von Produkten? In der sie nicht selten von ihren Bezugspersonen allein gelassen werden.

Wenn Eltern wegen des zunehmenden Erwerbs-, Konsum- und Mediendrucks immer weniger Zeit für ihre Kinder aufbringen können, kommen sowohl ...

- die Entwicklung der Lernfähigkeit wie auch
- die Vermittlung von darauf aufbauenden Inhalten

... per natürlicher Intuition bei mehr und mehr zu kurz: Mit ernsten und dramatischen Folgen für diese Kinder und für die Gesellschaft, deren Bestandteil sie sind und werden.

Das ist ein schlimmes *Vergehen* an Kindern, milde formuliert!

Weil schon immer und aus ganz natürlichen Gründen in unserem Bewusstsein Sach-, Fach- und Berufswissen zur Einkommenssicherung dominieren, verstärkt sich in Kindern, die dann zu Eltern werden, die Ansicht, Lernen beginne mit der Schule, frühestens mit dem Kindergarten. So geht die Schere zwischen emotionaler Früherziehung und rationaler Fachausbildung immer weiter auseinander.

Auch verstärkt sich immer mehr die Ansicht, öffentliche Institutionen seien für Bildung zuständig, die Eltern höchstens für Erziehung. Wie richtig sind solche unsäglichen Unterscheidungsversuche und was ist eigentlich Erziehung wirklich?

Emotionale Fähigkeiten werden im Durchschnitt immer schwächer entwickelt: Vertrauen, Rücksicht, Einfühlungsvermögen, Toleranz, Interesse für andere, Konzentration, Durchhaltekraft, Verantwortungsbereitschaft, Kommunikationsverhalten:

Schlicht Sozialkompetenz, die weichen Eigenschaften.

Eine halbwegs *bewusste* Entwicklung von *emotionaler* und *rationaler Intelligenz* sowie eine bewusste Entwicklung von *Persönlichkeit* findet heute so gut wie nicht statt. Nach 10 oder 15 Jahren stellen Eltern höchstens fest, was aus ihren Kindern geworden ist, wundern sich oder klagen darüber und haben keine Ahnung, wie es soweit kommen konnte.

Dass sie selbst als Eltern die Ursache sind, wissen sie nicht.

Oft wird Erziehung auch auf die Frage von autoritär und antiautoritär reduziert: Ist das Verständnis *beider* überhaupt klar?

Manche Erziehungsratgeber empfehlen Eltern, ihren Kindern schlicht *Liebe* entgegenzubringen. Liebe zum Kind, zum Partner, zum Nächsten, auch als bedingungslose Liebe. Das ist natürlich nicht verkehrt, aber viel zu missverständlich: Nicht wenige Eltern missverstehen Liebe als die Erfüllung aller Kinderwünsche.

Der Appell nach Liebe entspricht auch eher dem Versuch, die natürliche Intuition angesichts der heutigen Ablenkungen zu reanimieren oder zu verstärken. Liebe zum Kind ist eine Erziehungs- Geisteshaltung. Heute genügt das leider nicht mehr.

Konsequenzen unzureichender Persönlichkeitsentwicklung

Wie im Vorwort angedeutet und nachher gezeigt werden wird, sorgt die menschliche Natur, wenn sie nicht hinreichend unter Kontrolle steht, für das negative, gesellschaftsschädliche Verhalten: Wirkliche Persönlichkeiten werden nicht einfach geboren.

Deshalb wird auch schon immer um Macht und Vorherrschaft, um Privilegien und Reichtum gekämpft. Bis auf's Messer. Schon immer gab es dabei mehr Verlierer als Gewinner. Es wird schon immer geklaut, gleich ob es die verlorene Geldbörse der alten Dame, das Druckerpapier in der Firma oder per Korruption das Geld der Steuerzahler ist. Oder ob seefahrende Händler beraubt oder Kolonien erobert werden.

Junge Menschen randalieren, zerstören, prügeln tot, Erwachsene setzen Wasserwerfer, Tränengas und Gummigeschosse dagegen ein.

Es wird gelogen, rechthaberisch denunziert und der Schwächere betrogen und ausgebeutet. Ein ganzes Buch könnte man allein mit solchen Aufzählungen füllen.

Verursacht durch einen genetisch programmierten, sehr starken *Eigenantrieb*: Die **Grundverhaltenskomponenten GVK**[2]

Seit Menschen existieren, schlagen sie sich mit solchen negativen Auswirkungen der GVK herum: Mit den kleinen im Alltag und mit den großen zwischen Sippen, Völkern und Nationen.

Wer heute Defizite in Lernfähigkeit, Intelligenz oder Sozialkompetenz hat kann leicht ein Kandidat für das untere Ende der Gesellschaft werden: Schlechte schulische Leistungen, niedrige Erwerbsmöglichkeiten, Arbeitslosigkeit, Kriminalität, wenig Freunde führen dabei dorthin.

Am oberen sitzen meist diejenigen, die sich an der Gesellschaft bereichern: Monarchen, die für sich erobern lassen, Unternehmen, die Raubbau mit irdischen und menschlichen Ressourcen betreiben, Konsumenten, die Verschwendung und Klimazerstörung hinnehmen, Top Manager, die selbst bei Fehlleistungen mit Millionenentschädigungen entlassen werden.

Weil Menschen hinreichend lernfähig sind, entwickelten sie seit langer Zeit Gegenmaßnahmen gegen die besonders negativen Auswirkungen der Natur des Menschen in der Gesellschaft:

Verbote, Gebote, Gesetze, Strafen und Menschenrechte.

Aber alles, was Menschen jemals zu Verbesserung des Zusammenlebens entwickelten, wendet sich nur gegen die *Auswirkungen*, gegen die *Symptome* der GVK:

---

[2] GVK: Die genetisch verankerten Grundverhaltenskomponenten, ein spezielle Begriff dieser Buchreihe. Spätere Kapitel widmen sich vollständig diesem Grundverhalten.

Philosophen, Religionsführer und Staatsmänner formulieren Friedens- fordernde Appelle und wiederholen sie gebetsmühlenartig bei allen Ansprachen: „Die Bundesregierung verurteilt den feigen Terrorismus". Hilft das?

Und die Konzentration auf Symptombekämpfung hat ihre Ursache ebenfalls in einer der GVK: Es ist das Erfahrungs- orientierte Handeln, zu dem viele Menschen auch keine Alternative erkennen.

Die natürlichen, menschlichen Aversionen gegen das wirkliche, analytische Durchdenken, das Suchen nach tiefem theoretischem Verständnis, verhindern bis heute solche gesellschaftliche Verbesserungen, die näher *an den Ursachen ansetzen.*

Menschen bekämpfen seit allen Zeiten Symptome, weil die GVK als ihre Ursachen nicht wirklich bekannt sind.

Und wären die Ursachen bekannt, müsste man noch Wege kennen, wie man sie hinreichend bekämpft. Dazu müssten gegensteuernde Einstellschrauben an den Wurzeln und ihre Einstellwerte bekannt sein.

Das große, nicht wirklich erkannte Dilemma der Symptombekämpfung mit Gesetzen, Strafen und Drohungen ist, dass es versucht, durch eine *Fremdsteuerung* die Auswirkungen eines genetisch programmierten *Eigenantriebs* einzudämmen.

Der archaische Organismus, ausgestattet mit Intelligenz, reagiert darauf mit der Suche nach Schlupflöchern. Er will seine egozentrischen Ziele, trotz Sanktionen erreichen. Und wenn das Risiko auf einem Weg etwas höher erscheint, so sucht man halt einen anderen.

> Gegen den Eigenantrieb der GVK kann man allein durch einen Fremdantrieb nicht wirklich und nachhaltig gewinnen.

Das könnte nur ein in einer wirklichen Persönlichkeit eingebauter ethischer Eigenantrieb.

Der ungewöhnliche Ansatz zur Persönlichkeitsentwicklung

Soll die Entwicklung der Persönlichkeit eines Menschen wirklich fundiert und strukturiert gefördert werden, sollte man also möglichst genau verstehen, wie und wodurch sie überhaupt entsteht.

Der Ausgangspunkt: Persönlichkeit ist ein bestimmtes Verhalten. Wodurch entsteht Verhalten?

Das muss also zuerst beleuchtet werden: Aus welchen Bestandteilen und Funktionen besteht das Verhalten eines evolutionsbiologisch entstandenen Organismus genau? Warum ist das so? Wie lässt sich daraus „Persönlichkeit" fördern?

Die tiefste Grundlage dafür ist die Verhaltensentwicklung biologischer, lernfähiger Organismen während der Evolution. Hier entstanden die Mechanismen und Programmierungen unserer Reaktionen, unseres Wahrnehmens und unseres Lernverhaltens, mit denen wir uns heute herumschlagen. Sie umfasst den *geerbten* Teil wie auch den von Generation zu Generation *gelernten* Teil.

Wie und warum kam es zu den genetisch programmierten *Grundverhaltenskomponenten GVK?* Warum dominieren sie alle biologischen Organismen, auch uns Menschen?

Die GVK sind die notwendigen, positiven Evolutionstreiber der Natur. Sie ließen unsere Mechanismen, Intelligenz, Lern- und Speicherfähigkeiten entstehen.

Sie stellen simultan aber auch die Ursache für die Entstehung gesellschaftsschädlichen Verhaltens dar: Der Mangel an Sozialkompetenz. Auch Fehler in der heutigen Erziehung unserer Kinder haben letztlich hier ihre Ursache.

Es ist deshalb das Verständnis um diese GVK, schlicht die *Bewusstheit* um unsere unbewussten Antriebe, die besser als alles andere dazu geeignet ist, Psyche, Sozialkompetenz und Intelligenz, nichts anderes als Persönlichkeit besser zu entwickeln - als je zuvor.

Wenn einerseits die Merkmale einer wirklichen Persönlichkeit bekannt sind und andererseits das Verhaltensfundament der GVK, dann ergibt sich als Differenz, was dem genetisch programmierten Verhalten hinzugefügt werden muss, um diese Persönlichkeit zu erhalten. Es sind die Stellschrauben.

Das ist so ähnlich wie beim Hausbau:

Es existieren eine Vorstellung über alle späteren Merkmale dieses Hauses einerseits und der Baugrund und das Baumaterial andererseits. Mit einem guten Plan und guter handwerklicher Arbeit lässt sich daraus das spätere Ziel erreichen.

Mit dem Wissen um diese Stellschrauben menschlichen Verhaltens in der gesamten Breite lassen sie sich weitgehend bewusst auf gesellschaftsfreundliche und für den Menschen förderliche Werte einstellen: Auf die Werte wirklicher Persönlichkeiten.

Die hier verwendet Argumentation lässt auch leichter verstehen, dass und wie Verhalten beim individuellen Menschen wie auch in der Gesellschaft *änderbar* ist. Man erkennt, dass es in der Verantwortung unserer Gesellschaft liegt, die Menschen der jeweils nachfolgenden Generation zu wirklichen Persönlichkeiten zu entwickeln - nicht nur zu Menschen, die ihren Lebensunterhalt verdienen können.

Nicht nur zu Menschen, die als clever gelten, wenn sie andere über den Tisch ziehen. Wenn sie den eigenen Vorteil zu Lasten anderer maximieren.

Warum das alles noch kein Allgemeinwissen ist? Es ist neu.

Und es liegt an der evolutionären Entwicklung unseres Bildungswesens, das sich weit stärker, getreu dem Antrieb der GVK, fast nur um die Fähigkeiten zum Lebensunterhalt kümmert.

Und es liegt an der evolutionären Entwicklung unserer Gesellschaft, dass die Vermittlung aller Softfaktoren wie Sozialkompetenz, Kommunikations- und Beziehungsfähigkeiten bis heute Domäne der Eltern sind. Und weder Eltern noch die Gesellschaft haben die Bedeutung der Softfaktoren wirklich verstanden.

Und wie erwähnt: Genau diese intuitive Fähigkeiten, angesichts von Arbeitsdruck, Konsum- und Medienschwemme, von Kleinfamilien und Alleinerziehung, reichen in vielen Fällen nicht mehr aus.

Bevor wir den Kern des Buchs und seine nicht ganz gewöhnlichen Ansätze und Schlussfolgerungen anschneiden, sollte Ihnen ein vielleicht unbequemer Aspekt bewusst sein.

Das geht so:

Für die Evolution dieser unglaublich wunderbaren irdischen Natur war keinerlei Bewusstsein ihrer Kreaturen erforderlich. Die Verhaltensprogramme unbewusster Lebewesen, Fische, Insekten, Saurier entwickelten sich von Anfang an völlig unbewusst und *automatisch*, ohne jegliche individuelle Lernfähigkeit, ohne Geist und Intelligenz im menschlichen Sinn.

Dass die geheimnisvollen, *archaisch*[3] uralten GVK als Antrieb dahinter stecken, wurde bereits mehrfach gesagt.

Auch, dass dieses *archaische* Grundverhalten in jedem von uns steckt und da wirkt. Auch in Ihnen, während Sie diese Zeilen und Seiten lesen.

Und es wehrt sich, aufgedeckt zu werden.

Ihre GVK werden Sie auch ungeduldig darüber machen, dass es zuerst viel mehr um das tiefe Verständnis von menschlichem Verhalten geht und erst später um verbessernde Rezepte.

Weil unser Verhalten ein ureigener Teil von uns ist, erkennen wir meist nicht, dass unser archaisches Grundverhalten zwei Seiten hat.

> Tatsächlich wirken unsere eingebauten GVK auch als Selbstschutz gegen ihr Aufdecken. Sie könnten deshalb beim Lesen dieses Buchs eine Reihe von Hürden fühlen, falls Sie bauartbedingt mit traditionellen Augen lesen.

Beim Lesen dieses Buchs und seiner vielleicht ungewöhnlichen Ansätze und Folgerungen sollte Ihnen daher bewusst sein, dass wir alle uns möglicherweise nicht wirklich kennen, weil wir uns nicht wirklich von außen sehen.

Auch unser Bewusstsein, Geist und Intelligenz, helfen da nicht automatisch und von vornherein.

Wir glauben zwar, dass Geist und Intelligenz uns weit über tierisches Verhalten stellen. Wir halten uns für die Krone der Schöpfung. Darin irren wir uns aber mehr als wir ahnen, so lang wir nicht wirklich verstanden haben, wie wir im Verhalten funktionieren.

---

[3] *archaisch:* Kennzeichnet hier einerseits einen mehr als 3 Milliarden Jahre langen Zeitraum, andererseits primitive, natürliche Ursprünglichkeit.

Die nächsten Kapitel führen über eine Betrachtung von Verhaltensgrundlagen auf die Grundverhaltenskomponenten GVK.

Zusammenfassung

Lernfähigkeit, Sozialkompetenz und Intelligenz des Menschen basieren auf genetisch verankerten Grundanlagen des Menschen. Sie können durch Bewusstheit darüber *spielend* gefördert werden. Zur Entwicklung von Sozialkompetenz bedarf es dabei einer Balance zwischen der Förderung und der Einschränkung von Grundanlagen.

Unzureichende Persönlichkeitsentwicklung kann zu geringerem Einkommen, Arbeitslosigkeit, Radikalismus, Vandalismus, zu Kriminalität oder auch zu Machtgier und Korruption führen. Menschen schlagen sich seit allen Zeiten damit herum.

Die natürliche Intuition von Eltern reicht heute oft nicht mehr zur wirklichen Persönlichkeitsentwicklung von Kindern.

Durch Bewusstheit um unsere evolutionsbiologisch entstanden Lern- und Verhaltensmechanismen lassen sich Lernfähigkeit, Sozialkompetenz und Intelligenz im Sinne einer optimalen Entwicklung von Persönlichkeit leichter und besser fördern.

Verhaltensmodell des Menschen

Ein Verständnis menschlichen Verhaltens lässt sich am besten entwickeln, wenn die essentiellen, Verhaltens- bestimmenden Funktionsblöcke verstanden sind. Es ist der vorbereitende Schritt, die Stellschrauben zur bewussten Entwicklung rechtschaffener Persönlichkeiten zu erkennen.

Woraus besteht Verhalten?

Das folgende Bild, das auf den nächsten Seiten in Schritten vervollständigt wird, beschreibt und entwickelt für Lebewesen bzw. Menschen, wovon deren Verhalten grundsätzlich abhängt.

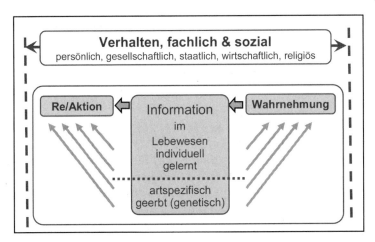

Zwischen den beiden gestrichelten Linien im Bild liegen alle Verhaltensfunktionen mit allen Stellschrauben, die bei einem Menschen *jegliches* Verhalten bestimmen, gleich ob fachliches, soziales, persönliches, religiöses, staatliches oder wirtschaftliches Verhalten gemeint ist.

Auch das sexuelle Verhalten!

Alle ausführenden Organe eines Menschen wie Hände, Arme, Beine, Mimik, Gestik und Stimme sind im Kasten „Reaktion" zusammengefasst, alle wahrnehmenden Organe wie Augen, Ohren, Geruch oder Geschmackssinn im Kasten „Wahrnehmung". In der Mitte gibt es das Bindeglied „Informationen im Lebewesen", das als Steuerung zwischen Wahrnehmung und Reaktion wirkt.

> Wie Menschen in einer Umgebung *wahrnehmen* und auf Wahrnehmungen *reagieren*, wie sie sich also *verhalten*, hängt von der Gesamtheit der *Informationen* ab, die in diesem Menschen gespeichert sind.

Informationen!

Das ist tatsächlich so absolut, wie es klingt. Sieht man für einen Moment von den Wirkungsmechanismen ab, dann sind es wirklich nur die steuernden Informationen zwischen Wahrnehmung und Reaktion, die letztlich das Verhalten bestimmen.

Das gilt für solche Informationen, die in Schulen oder Universitäten vermittelt werden wie auch für solche, die ganz intuitiv und unbewusst in diesen Block hinein gelangen und beispielsweise Gefühlsleben, Sozialkompetenz oder „Spiritualität" beeinflussen.

Solche steuernden Informationen sind sowohl *artspezifisch vererbt* wie auch *individuell* ab Geburt *gelernt*.

Die geerbten Informationen wurden von Millionen und Milliarden unser Vorgänger- Generationen „gelernt" und in unseren Genen gespeichert, gewissermaßen in unserer Hardware. Sie enthalten auch den genetisch programmierten Teil der Fähigkeit zum Lernen - als Mensch, Schimpanse, Hund oder Katze. Bei der Entwicklung ab Zeugung, noch im menschlichen Mutterbauch, werden sie in feste, neuronale Steuerungsnetze abgebildet.

> Verstehen Sie die genetischen Veränderungen während der vergangenen Evolution durchaus als genetisch Gelerntes, ähnlich wie Bakterien durch genetische Veränderungen während mehre-

rer Bakterien- Generationen hinweg scheinbar „lernen", gegen bestimmte Antibiotika resistent zu werden.

Was wir ab Geburt individuell lernen, steckt in den variablen Netzwerken aus Neuronen und Synapsen unseres Gehirns, gewissermaßen als Software. Sie ergänzen die genetisch programmierten Fähigkeiten praktisch in allen Bereichen: Sie bohren sie auf.

So kann man sowohl für Geerbtes wie auch für individuell Gelerntes generell von Gelerntem reden, von dem unser Verhalten abhängt.

Die gesamten Verhaltens- relevanten Informationen im Lebewesen sind damit also gelernt: Entweder von Milliarden vergangener Generationen oder individuell, im Laufe des eigenen Lebens.

Wie gesagt: Das gilt natürlich für alle Organismen in unserer Natur und meint alle Wahrnehmungs- und Handlungsfähigkeiten. Beim Menschen also sprachlich, fachlich, gefühlsmäßig oder sozial. Alles sei hier Verhalten.

Persönlichkeit steckt damit im grauen Kasten zwischen der Wahrnehmung und der Reaktion eines Menschen.

Im nächsten Bild ist der Kasten „Information im Lebewesen" durch einen geschichteten *Lernturm* ersetzt. Die Trennlinie zwischen genetisch und geprägt deutet den Geburtszeitpunkt dieses Wesens an.

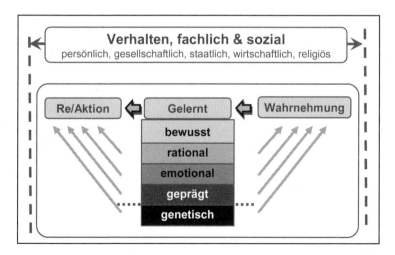

Der Lernturm, die Steuerungszentrale zwischen Reaktion und Wahrnehmung, ist nichts anderes als das Gehirn. Es enthält sowohl Speicher wie auch Mechanismen: Programme und Prozessoren[4] im Oberstübchen.

Das mag zwar etwas technisch klingen. Aber setzen Sie einfach ´mal voraus, dass diese Programme und Prozessoren auch mit Gefühlen umgehen. Sie benötigen sie sogar aus wichtigem Grunde: Aus einem anderen, als wir bisher glauben.

Die Schichten des Lernturms spiegeln unsere evolutionäre Entwicklung und die unseres Gehirns wieder: Je einfacher die Organismen unserer Ahnenkette waren, desto weniger Schichten hatten sie, von unten an gezählt. Sehr viele heutige Organismen sind nicht individuell lernfähig: Sie besitzen dann nur die genetische Schicht. Das gilt natürlich für Bakterien, alle Einzeller, aber auch für ganz einfache Spinnen und Insekten.

Diese Lernschichten gehören zu unserem Hauptthema. In Ihnen steckt alles, was zur Persönlichkeit eines Menschen beiträgt.

Der große Rahmen um Reaktion, Lernen, Wahrnehmung und Lernturm herum enthält alle wichtigen Funktionsbausteine für das Verhalten jedes Lebewesens, nicht nur die eines Menschen.

Die schräg gestellten Pfeile deuten an, dass alle Reaktionen, aber auch die Wahrnehmung selbst von den individuellen Inhalten des Lernturms abhängen. Darauf komme ich gleich noch mal zurück.

Die Schichten im Modell wurden so gewählt, dass sie sich auch grob und näherungsweise mit der Anatomie des Gehirns decken, wie noch gezeigt werden wird.

Wichtiger als die Anatomie ist aber, die Funktionen des Gehirns in ihrer Wirkung und mit Blick auf Verhalten zu verstehen, auch wenn sie in den diversen anatomischen Gehirnbereichen verteilt untergebracht sind. Es sind eher Software- als Hardwarefunktionen.

> Das lässt sich durchaus mit realen Computern vergleichen: Funktionen, Betriebssysteme und Anwendungssoftware werden seit vielen Jahren so gebaut, dass sie „hardware- unabhängig" laufen: Sie laufen auf Computern ganz unterschiedlicher Hersteller.

---

[4] *Das Gehirn eines Lebewesens arbeitet ähnlich einem Computer Prozessor:*

Was unterscheidet die Lernschichten?

Der Lernturm enthält also in der untersten, genetisch programmierten Schicht artspezifische, geerbte Information und in den höheren Schichten individuell gelernte Informationen.

Die gestrichelte Linie oberhalb der genetischen Schicht, wie erwähnt, kennzeichnet den Geburtszeitpunkt: Es ist die Geburtslinie. Wenn ein Menschlein geboren wird, ist der Lernturm oberhalb dieser Geburtslinie praktisch leer. Die genetische Schicht allerdings, unterhalb der Linie, war demgegenüber schon 9 Monate vor Geburt fertig.

Was dort *im Detail* genetisch programmiert, also vererbt ist, wird Sie nachher vielleicht überraschen. Zunächst nur die Übersicht:

- In der untersten genetischen Schicht des Lernturms sind in Genen fundamentale *Grundverhalten* und ein *Grundantrieb* programmiert, wie schon erwähnt. Es sind die Grundverhaltenskomponenten GVK: Eine Anzahl von Verhaltens- Bausteinen, deren Gesamtheit das Verhalten eines Organismus dominieren. Was Menschen an dieser Stelle enthalten, ist das Ergebnis einer Millionen und Milliarden Jahre langen Vererbungskette, die auch Millionen und Milliarden von Veränderungen erfuhr. Mit der Verschmelzung von Eizelle und Spermium 9 Monate vor Geburt hat diese Schicht ausgelernt: Sie ist dann fertig. Sie kann im Laufe eines Lebens nichts mehr dazu lernen und steuert einen Menschen dennoch in absolut dominierender Weise.
  Es ist die mächtigste Schicht im Lernturm.
  Dass sehr viele, vielleicht die meisten Gene vor allem die Bauform eines Organismus bestimmen, ist in diesem Buch nicht wichtig.

- Oberhalb der gestrichelten Geburtslinie liegt zuerst eine als *geprägt* beschriebene Schicht. Sie lernt nur in einem kurzen Zeitraum nach der Geburt und ist danach weitgehend fertig.
  Psychologen und Neurologen nennen einen mit ihr verbundenen Lernzeitraum kritische Phase.
  Die Schicht speichert ergänzende fundamentale Informationen, die mit Sicherheit, Vertrauen, Selbstbewusstsein, Nahrung, Verteidigung etc. zu tun haben. Sie dürfte dem Stammhirn zuzuordnen sein, das manchmal auch Sauriergehirn genannt wird. Kon-

rad Lorenz hat diese Schicht mit Hilfe von Graugänsen untersucht und großartige Erkenntnisse darüber zusammengetragen.

- Über der geprägten Schicht liegt die mit *emotional* beschriebene, individuell lernfähige Schicht. Sie enthält vorwiegend unser unbewusstes und das Gefühlsleben. Im Gehirn lässt sie sich gut dem Zwischenhirn mit limbischem System und Mandelkern zuordnen. Nach einem Lebensalter von vielleicht 7 bis 10 Jahren lernt diese Schicht immer weniger, vielleicht nichts mehr dazu.

- Die *rationale* Schicht wurde hier so genannt, weil sie rationales Wissen, Sachinformation, lebenslang in gewaltigen Mengen lernen kann. Beim Menschen ist sie auch der Sitz der Selbstwahrnehmung, dem Bewusstsein. Auch Sprache ist hier zuhause, weniger der Tonfall, der ein Stockwerk tiefer im emotionalen Teil liegen dürfte. Sie ist im Gehirn vorwiegend im Neocortex, im Frontallappen des Gehirns repräsentiert. Rational allein hat *hier* noch nichts mit Vernunft zu tun.

- Die oberste Schicht ist die Bewusstseinsschicht, auch im Neocortex enthalten. Hier kann die Vernunft drin stecken: Der menschliche Geist - wenn Vernunft gelernt wurde. Und wir kommen noch mal darauf zurück, welche Rolle diese Schicht vermeintlich und tatsächlich spielt.

Zur Erinnerung: Alle Inhalte aller Lernschichten zusammen bestimmen die Persönlichkeit eines Menschen mit allen ihren Facetten: Kommunikations- Fähigkeiten, emotionale und rationale Intelligenz, also Sozial- und Fachkompetenz. Auch die Gefühle sind enthalten. Sie alle hängen von den genetisch verankerten, artspezifischen und den individuellen Inhalten des Lernturms ab und werden durch sie gesteuert. Insbesondere auch die Wahrnehmung - was nur selten bewusst ist.

Die Hardware des Lernturms ist weitgehend das Gehirn, das aus Neuronen und Synapsen besteht. Anders als in einem heutigen elektronischen Computer ist dieses neuronale Netz im Gehirn sowohl Speicher wie auch Prozessor. Dabei handelt es sich um Parallelprozessoren mit enormer Leistung. Obendrein höchst effektiv und mit vergleichsweise geringem Energieverbrauch.

In welchen Lebensphasen welche Schicht besonders lernt - und wie genau - werden wir später beleuchten.

Es scheint trivial, ist aber wichtig genug, wiederholt zu werden:

Vom Lernturm ist die gesamte Reaktion eines Lebewesens, sein gesamtes Verhalten abhängig. Von nichts anderem, als von den Inhalten und Mechanismen aller Lernschichten. Daher lässt sich auch anders herum sagen, dass aus den Reaktionen eines Menschen auf die Inhalte seines Lernturms geschlossen werden kann. Die Reaktionen offenbaren die Persönlichkeit.

> Aus den Reaktionen eines Menschen kann man auf die Inhalte seines Lernturms schließen.

Das gilt für ein eben zur Welt gekommenes Baby genau wie für einen Säugling, ein Kindergarten- oder ein Schulkind.

Und für Erwachsene: Manager, Politiker, Papst.

Mit dem Lernturm sind einige Fragen verbunden:

- Welche Inhalte in welchen Schichten bestimmen welches Verhalten?
- Wie und wann gelangen Inhalte in die diversen Schichten?

Wenden wir uns zuerst der zweiten Frage zu, dem Beginn des Lernvorgangs: Wie gelangen Inhalte in die Schichten des Lernturms?

Was man wahrnehmen kann

Dem vorhergehenden Bild, hier noch mal klein dargestellt, ist leicht anzusehen, dass man an den Lernturm eines Wesens *nur* über den

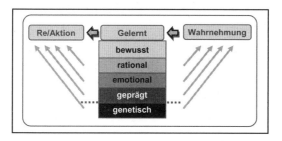

Block *wahrgenommen* herankommt: Soll etwas in den Lernturm, also in ein Gehirn eingespeichert werden, so muss es vorher die Wahrnehmungshürde überwinden.

Davon gibt es zwei: Die *sensorisch- physikalische* und die *intellektuelle* Hürde.

Natürlich kann man nur das wahrnehmen, was unsere Wahrnehmungssensoren überhaupt physikalisch verarbeiten können.

So können wir nur das sichtbare Licht, etwa zwischen 300 nm[5] (tiefes blau) und 800 nm (dunkles rot) wahrnehmen. Insektenaugen haben im ultravioletten Bereich eine recht gute Empfindlichkeit: Deshalb arbeiten viele Insektenfallen mit blauem Licht. Und farbenblinde Menschen können einige Farben nicht unterscheiden.

Töne hören wir nur zwischen etwa 50 Hz[6] bis 15000 Hz und im Lautstärkebereich zwischen ca. 15 und 110 dB. Katzen oder Fledermäuse können das erheblich besser. Alte Menschen hören meist nur noch bis 9000 Hz - und mit Tinnitus ist das ganze Gehör oft stark gestört.

Bei den Geruchs- und Geschmackssensoren gehören Hunde gewöhnlich zu den Weltmeistern. Aber auch Insekten. Und bei Schnupfen sind die menschlichen Riecher fast völlig unempfindlich.

Diese sensorische Wahrnehmung ist wie ein grobes Vorfilter, das durchlässt, was der Sensor physikalisch verarbeiten kann.

Für den Lernturm und das Lebewesen ist nur die intellektuelle Wahrnehmung wichtig. Das, was nach einer Vorverarbeitung im Hirn ankommt. Es ist die Bedeutung der durchgelassenen Wahrnehmung für den Organismus: Die *Interpretation.*

Die intellektuelle Wahrnehmung, also die Interpretation der physikalischen Wahrnehmung, geschieht mit Hilfe der Informationen, die *zuvor* im Lernturm vorlagen. War zuvor nichts Passendes im Lernturm, kann aus der Wahrnehmung in der Regel keine vernünftige

---

[5] *Die Wellenlänge des Lichts wird in Nanometer nm gemessen. 100 nm = 0,0001 mm.*

[6] *Die Tonhöhe wird in Hertz Hz gemessen: 50 Hz ist ein kaum hörbarer, tiefer Bass.*

Bedeutung entnommen werden. Das Gehirn nimmt die nächst beste Information - aus der genetischen Programmierung, auch wenn die Interpretation dann objektiv verkehrt sein sollte.

Jegliche Wahrnehmung muss übrigens immer von einer Bewertung für den Organismus begleitet sein. Es muss klar sein, ob etwas egal, nützlich, schädlich oder hoch gefährlich ist. Sonst ist Information wertlos.

Vor diesem Problem stehen die Gehirne von Säuglingen. Sie lernen, ohne Wahrnehmungen wirklich intellektuell bewerten zu können. Dennoch bewerten sie unbewusst alle ihre Wahrnehmungen: Mit Hilfe der genetisch verankerten Informationen.

Ob ein Organismus überhaupt nicht lernfähig ist, wie eine einfache Spinne oder ob er nur noch nichts gelernt hat, wie ein neugeborener Mensch, ist für die Interpretation genau gleich: Es werden die genetisch programmierten GVK und Verhaltensmuster herangezogen.

Das kann auch für einen Erwachsenen so gelten, je nachdem, was er im Laufe des Lebens gelernt hat.

Die schräg gestellten Pfeile im vorhergehenden Bild sollen die Filterung, die Bewertung der Wahrnehmung durch die Inhalte im Lernturm signalisieren. Es ist die Interpretation dessen, was man sensorisch- physikalisch wahrnimmt.

Beispiele machen das deutlicher:

- Wenn ein Urwaldindianer keine Ahnung von der gemeinsamen Wirkung von Eizelle und Spermium zur Erzeugung eines Menschen hat, interpretiert er den Geschlechtsakt genau so, wie seine Erfahrung dazu ist: Das Einsetzen eines Samenkorns in eine Frau, in die Muttererde, damit eine neue Pflanze wächst.

  Übrigens mit bis heute andauernden, ganz gravierend nachteiligen Auswirkungen für Frauen in manchen Kulturen: Sie werden unbewusst noch immer nur als Hilfsmittel des Mannes betrachtet, sich fortzupflanzen - und entsprechend behandelt.

- Wenn Sie nicht die geringste Information über Planeten, deren Eigenrotation und Umlaufbahnen um die Sonne haben, interpretieren Sie die Entstehung von Tag und Nacht mit Sicherheit falsch. Sie interpretieren dennoch und sind von der Richtigkeit des falschen Ergebnisses überzeugt.

Übrigens mit erheblich nachteiligen Auswirkungen für Wissenschaftler wie Galilei, die gegen damalige religiöse Dogmen verstießen und widerrufen mussten, zu Gunsten der falschen Meinung Mächtigerer.

- Wenn ein Mensch keine Ahnung von der selbständigen, automatischen Evolution der Natur und den Grundverhaltenskomponenten biologischer Lebewesen hat, muss er zwangsläufig an übernatürliche, göttliche Schöpfungen glauben.

  Übrigens mit genau den Konsequenzen, die wir weltweit im religiösen Leben sehen: Jeder hält den eigenen Glauben und seine Religion für richtig, die anderen eher für falsch und manche schlagen sich darüber die Köpfe ein.

- Wenn ein Mensch keine Ahnung darüber hat, was er alles nicht weiß, denkt er möglicherweise, dass er ziemlich viel oder gar alles weiß. Und er kann davon sehr überzeugt sein.

  Seine Überzeugung lässt ihn dann sogar Gewalt anwenden: Das weiß der Volksmund schon lang: „Dummheit gewinnt" oder „Gegen Dummheit kämpfen Götter selbst vergebens".

Objektiv wahrzunehmen bedeutet, dass *alle* für die richtige Interpretation einer sensorischen Wahrnehmung erforderlichen Informationen im Lernturm vorliegen und auch richtig sind.

Eine intellektuelle Wahrnehmung ist also nur dann objektiv richtig, wenn sie mit objektiv richtigen und vollständigen gespeicherten Informationen interpretiert wurde.

Welcher Mensch hat schon objektiv richtige und vollständige Informationen in seinem Lerntümchen vorliegen, zu weitgehend allen seiner Wahrnehmungen?

Übrigens: Das Wort Wahrnehmung deutet an, dass wir das für wahr nehmen, was wir wahrnehmen. Dass das verkehrt sein kann, hat der Erfinder des Wortes weggelassen.

Kindergehirne können damit während vieler Lebensjahre nicht annähernd objektiv wahrnehmen und urteilen. Oft interpretieren sie daher Wahrgenommenes in für Erwachsene völlig überraschender, gar absurder Weise. Das ist eher ein Problem der Erwachsenen, die nicht verstehen, wie normal und natürlich das für Kinder ist.

Eine wichtige Schlussfolgerung hieraus ist, dass Kinder möglichst nur mit solchen Themen konfrontiert werden sollen, die sie entsprechend ihren Lernturminhalten, ihrem Reifegrad überhaupt verarbeiten können. Belasten Sie daher Ihr Kind keinesfalls mit Ihren persönlichen Partner-, Finanz- oder Arbeitsplatz-Problemen.

Subjektivität betrachtet man in aller Regel nicht als Makel: Es ist halt so. So ist meine persönliche Meinung. Warum soll ich mir die Mühe machen, die Dinge mit anderen Augen zu sehen?

Eine wirkliche Persönlichkeit erfordert, dass man um seine unzulänglichen Informationen im eigenen Lernturm, um seine eigene Subjektivität weiß. Man sollte wissen, dass Lücken und Fehler existieren, auch wenn man sie nicht kennt. Erst dann hält man es für möglich, sich irren zu können.

Unglücklicherweise ist das Lernen selbst unabhängig von der Richtigkeit der intellektuellen Wahrnehmung. Lernen geschieht immer dann, wenn die Interpretation für den biologischen Organismus interessant ist und wenn sie hinreichend oft wiederholt wurde - völlig egal, ob sie objektiv richtig ist oder nicht. Das Gelernte wird in jedem Fall zur Erfahrung.

Und was im Lernturm, im Gehirn erst mal drin ist, ist für den Organismus wahr und richtig!

Jeder Mensch interpretiert anders

Natürlich sind Interpretationsunterschiede, also Verständnisunterschiede der Wahrnehmung, oft völlig belanglos und man räumt sie als einfache Missverständnisse aus, falls überhaupt nötig. Nicht selten entsteht daraus aber auch schwerer Streit - oder eine Ehescheidung - oder ein Irak- Krieg.

Das problematische der Interpretation ist ja, dass jeder Mensch seine eigene Interpretation, sein eigenes Verständnis vom Wahrgenommenen natürlicherweise, also bauartbedingt, für richtig halten *muss*:

Da die neue Wahrnehmung mit allen relevanten Inhalten des eigenen Lernturms interpretiert wird, dort auch keine anderen Inhalte als den eigenen existieren, hat das Gehirn auch keine andere Alternative neben der, die im eigenen Gehirn gerade ermittelt wurde. Und weil es keine andere Alternative hat, ist ihm auch natürlicherweise und unbewusst nicht bekannt, dass es eine andere geben könnte.

Wenn daher das natürliche Gehirn eine andere Interpretation als seine eigene wahrnimmt, nämlich die eines anderen Menschen, muss es sie sogar für falsch halten - weil es ja nur die eigene für richtig hält. Und das führt zu den schwerer ausräumbaren Missverständnissen bei praktisch allen Meinungsbildungen, sofern in der gleichen Sekunde nicht hinzugelernt wird.

Solche Vorgänge sind zwischen Menschen sehr oft anzutreffen, auch mehrfach täglich. Und nicht selten äußert der dominantere Partner seine in den Augen des Anderen andere, auch verkehrte Interpretation mit solcher Überzeugung, dass man gar nicht mehr entgegnen kann oder mag.

Eine Diskussion verstummt dann meist und wenigstens ein Partner ist verstimmt. Nicht selten lernt man daraus, mit dominanteren Leuten erst gar keine Diskussion mehr zu beginnen.

Grob skizziert ist solche Interpretation der natürliche, unbewusst entstandene Mechanismus, über den alle Tiere verfügen, vom einfachsten Pantoffeltierchen bis zum Delfin oder Schimpansen. Auch sie kämpfen um ihre Meinung oder ziehen sich zurück.

Halten Menschen ihre eigene Interpretation immer für richtig, die der anderen Menschen daher eher für falsch, können sie ihre eigene Interpretation nahezu nicht selbst in Frage stellen, dann reagieren sie wie normale, unbewusste Tiere.

Das *Bewusstsein* des Menschen allein ändert an solchem Verhalten beider Partner noch nichts: Es ist erst die *Bewusstheit darüber*, die helfen kann, selbständig die eigene Interpretation als möglicherweise verkehrt in Betracht zu ziehen.

Wie man lernt

Lernen ist das Abspeichern von Wahrnehmungen in neuronalen und synaptischen Strukturen. Wie das genau geschieht, wie das Wechselspiel zwischen elektrischen Pulsfolgen in Nervenfasern und chemischen Prozessen in den Synapsen verläuft, ist noch Gegenstand intensiver neurologischer Untersuchungen. Relativ sicher ist aber, dass Wahrnehmungseindrücke in synaptisch vernetzte Neuronenstrukturen konvertiert werden. Ihre „Haltbarkeit" ist ein Maß für die „Festigkeit" des Gelernten.

Mit anderen Worten: Werden die gleichen Spuren, Eindrücke, häufig getreten wie ein Pfad im Wald, so ist die Spur tief, stabil und lange Zeit erkennbar: Ein gutes Gedächtnis für diesen Eindruck.

Weil die Lernfähigkeit von Lebewesen nur deshalb entstanden sein kann, weil damit Lebens-, Überlebens- und Fortpflanzungsvorteile verbunden sind, müssen auch die Lernmechanismen auf genau solche Wahrnehmungen und Abspeicherungen optimiert sein: Auf evolutionsbiologische Aspekte.

Mit anderen Worten: Was man bevorzugt wahrnimmt und lernt, hängt mit den GVK besonders eng zusammen. Hier besteht eine ganz besonders intensive Resonanz. Die geheimnisvollen GVK und davon abgeleitete Verhaltensmuster arbeiten wie Filter, die Lebensrelevantes durchlassen und Unwichtiges wegfiltern.

Deshalb haben auch wir Menschen *Interesse- Fenster*, die für bestimmte Eindrücke weit offen sind und für andere fast geschlossen. Das ist beispielsweise für das Thema Sex sowohl für Frauen wie Männer besonders offensichtlich. Wer kann schon desinteressiert wegsehen, wenn er den erotischen Anblick eines knapp bekleideten weiblichen oder männlichen Körpers sieht.

Wie andere hoch lernfähige Tiere haben auch wir Menschen einen *Kurzzeit- Speicherprozess* der relativ schnell wieder vergisst, und einen *Langzeitspeicher*. Der Langzeitspeicher arbeitet eher mit chemischen Botenstoffen[7] zwischen den Synapsen, der Kurzzeitspeicher eher mit elektrischen Impulsfolgen. Die Intensität und Geschwindigkeit der Umspeicherung von Kurzzeit auf Langzeit hängt auch von einer hormonalen Steuerung ab.

---

[7] *Botenstoffe der Synapsen: Neurotransmitter*

Wichtig ist auch, dass Umspeicherungen in bestimmten Phasen des nächtlichen Schlafs besonders intensiv stattfinden.

Diese Erfahrung hat wohl jeder schon gemacht, der für Prüfungen lernte und am Abend zuvor meinte, nichts in den Kopf gebracht zu haben: Morgens ist man oft überrascht, dass doch etwas hängen blieb.

Das Träumen steht mit diesem Prozess im Zusammenhang, doch soll das hier nicht weiter vertieft werden.

Alle Lernvorgänge, Neugier und Langeweile werden von chemischen Stoffen wie *Dopamin* und *Serotonin* begleitet und gesteuert. Es sind charakteristische Cocktails, die einerseits Lernlust und Lernfähigkeit fördern oder andererseits blockieren können. Auch Oxytoxin fördert, während ACTH[8] eher blockiert, auch weil es hohe Dosen von Adrenalin und Noradrenalin zur Folge hat.

> Die chemische Steuerung liefert viele gute, insbesondere messbare Anhaltspunkte dafür, wie die Lernmethodik heute eigentlich gestaltet sein sollte. Viele Kenntnisse sind noch nicht als Konsequenzen in die Schulpädagogik vorgedrungen.

Alle Abspeicherungen ins Gehirn haben immer zwei Aspekte: Die *Sachwahrnehmung* selbst und *Wert oder Bedeutung* für den Organismus. Das eine ohne das andere ist für den Organismus wertlos. Der Wert einer Sachinformation wird weiter hinten im Buch auch als Nützlichkeitsindex bezeichnet, der immer mit einer Sachinformation verbunden ist. Er hat eine hohe Bedeutung für unsere Gefühlswelt.

Unbewusste, stark lernfähige Wesen lernen durch *Nachahmen* von Vorbildern. Die Wahrnehmung von Verhalten erzeugt dabei neuronale Strukturen im Gehirn, welche die Wahrnehmung repräsentieren und - falls erforderlich - auch zur Erzeugung der Reaktion dienen. Durch Vormachen - Nachmachen - Vormachen - Nachmachen treten sich solche Strukturen fest, werden zur Routine. Es werden im Gehirn Kopien von lernbarem Verhalten erstellt, die sich über Generationen erhalten und weiterentwickeln.

---

[8] <u>A</u>dreno<u>c</u>ortico<u>t</u>ropes <u>H</u>ormon (kurz **ACTH**)

Giacomo Rizzolatti fand 1995 bei Tierversuchen so genannte *Spiegelneuronen*, die solche Gehirnbereiche darstellen. Lesen Sie hierzu mehr im Kapitel zum Gehirn.

Wie man reagiert

Lebewesen verfügen über zum Teil höchst komplexe Reaktionsprogramme, die über viele Verzweigungen und Einstellschrauben verfügen. Allein die Beobachtung einer Fliege oder einer einfachen Spinne vermittelt ein Eindruck über die faszinierende Vielfalt solcher Reaktionen:

> Anflug auf die glänzende Nase, Flucht vor der scheuchenden Hand, vor Schatten und Luftdruck. Reiben der Sensoren an Hinter- und Vorderfüßen, Futtersuche, Schmecken des Futters, Sexualreaktionen, Eiablage.

Nach dem Verhaltensmodell werden diese Reaktionen von Informationen im Lernturm gesteuert. Meist sind unmittelbare Wahrnehmungen die Informationen, welche die Reaktion bestimmen: Geruch, Geschmack, ein Schatten, Licht, Temperatur, Luftdruck. Aber auch genetische verankerte Informationen können Auslöser sein:

> Schon bei Untersuchungen der Fruchtfliege Drosophila stieß man auf eine innere Uhr, die das Leben der Fliege taktet.

Die diversen Lernschichten arbeiten auch unterschiedlich schnell. Wenn es um höchste Gefahr geht, um Leben und Tod, setzen genetisch verankerte Reaktionsprogramme ein: Für ein Nachdenken bleibt keine Zeit. Höchstens die Prägeschicht kann in der Reaktionsgeschwindigkeit da noch mithalten.

Solche Reaktionen werden häufig spontan oder emotional genannt: Gemeint sind die nicht kontrollierbaren, unbewussten Reaktionsmuster. Allerdings lässt sich durch Training die Schwelle für unbewusste Reaktionen verschieben: Wer sich mögliche Situationen und mögliche Reaktionen im Voraus vorstellt, bewusst macht, erlangt höhere Ansprechschwellen für seine spontanen Reaktionsmuster. Unsere Lernfähigkeit umfasst also die Veränderung von Einstellschrauben an den Reaktionsprogrammen. Selbst neue Programmteile sind erlernbar.

Dann kommt die Ohrfeige eben nicht sofort. Dann wird ein Problem ohne Geschrei und Geschimpfe gelöst: Überzeugende Merkmale einer rechtschaffenen Persönlichkeit.

Alle unseren Reaktionen sind von Natur aus ganzheitlich: Im Gespräch sind Wortwahl, Formulierung, Tonfall, Mimik und Gestik des ganzen Körpers ein synchronisierte Reaktion vieler Einzelreaktionen. Auch das lässt sich durch bewusstes Training verändern, unabhängig davon ob das für Beziehungen förderlich oder schädlich ist.

Ein Pokerspieler trainiert sich darin, dass man an ihm nicht erkennen kann ob er blufft oder tatsächlich einen Royal Flash auf der Hand hat. Ein guter Lügner wird noch nicht einmal rot und eine sachliche Diskussion verlangt recht oft, ein momentanes Gefühl des Lachens oder Stöhnens zu unterdrücken.

Reaktionen werden im Gehirn ausgelöst und dann chemisch angestoßen und somit über Muskeln umgesetzt. Dabei steigt die Konzentration solcher chemischen Stoffe im Körper meist zunächst steil an, um die Reaktion auszulösen, während sie danach, meist langsamer, wieder absinkt.

Reaktionen, insbesondere heftige, haben somit einen Nachhall. Es dauert, bis die Konzentration der chemischen Stoffe wieder auf *Normal* steht.

Zum Geburtszeitpunkt sind nur die genetisch verankerten, verhaltensrelevanten Reaktionsprogramme und Steuerinformationen vorhanden. Der Rest des Lernturms ist ja noch leer. Als Konsequenz sieht man an einem Säugling genau *die* Reaktionen, die wir alle kennen: Mimik und Gestik sind völlig unkontrolliert, Beinchen und Ärmchen wackeln herum, außer Geschrei kann das Kind nichts von sich geben und es versteht natürlich auch kein einziges Wort.

Das Geschrei, als Reaktion, ist mit einer entsprechenden chemischen Steuerung verbunden. Daher muss es noch eine ganze Weile bis zur Beruhigung dauern, auch wenn das Problem der reibenden Windel oder des Aufstoßens gelöst ist.

Welche Grundverhaltenskomponenten GVK konkret in der genetischen Schicht abgelegt sind und das Säuglingsverhalten bewirken, ist nachher unser Kernpunkt.

Erwachsene können auch egoistisch und rücksichtslos oder mitfühlend und interessiert reagieren. Sie können lügen oder die Wahrheit sagen, sie können über andere Menschen dominieren wollen und die Natur gleichgültig ausbeuten oder verantwortungsvoll schonen wollen. Das alles sind *Reaktionen*, die auf individuelle, ganz persönliche Informationen im eigenen Lernturm zurückgreifen.

Auch die Erklärung schwieriger Sachverhalte sind *Reaktionen*, man spricht dazu vielleicht auch Fremdsprachen, man kann rechnen und vielleicht auch Integrale lösen, man erkennt Geräusche als solche von Bahn, Auto oder Flugzeug, Gerüche als solche von Rosen, Kraftstoffen, Parfüms oder Fäkalien. Auch diese *Reaktionen* sind durch Inhalte im Lernturm bestimmt.

Und wenn Menschen reagieren, dann reagiert praktisch immer der ganze Körper: Der Mund sagt einen Text, die Stimme ist dazu laut und eindringlich, verächtlich oder leise. Das Gesicht zeigt simultan eine passende Mimik, Hände und Oberkörper bewegen sich entsprechend und alles läuft ganz synchron ab: Die Reaktion ist eine ganzheitliche Botschaft.

Welche Botschaften, welche Informationen sind es, die Beim Lebewesen, beim Menschen empfangen werden oder von ihm gesendet werden? Und wie spielt das zusammen?

Kommunikation: Empfänger und Sender

Das Verhaltensmodell liefert bisher - zwischen den gestrichelten Linien im Bild - die Grundstruktur zur Beschreibung eines von der Umgebung, von der Lebensnische isolierten Lebewesens, den Organismus selbst.

Damit es mit anderen Kontakt aufnehmen kann, bekommt das entstehende Lern- und Verhaltensmodell jetzt noch die Schnittstellen nach außen hinzu. Vgl. hierzu das nächste Bild:

Verhaltensmodell des Menschen

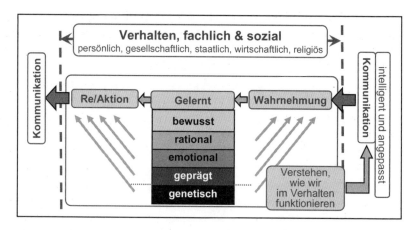

Auf beiden Seiten, bei Reaktion wie bei Wahrnehmung, erhält es die Kästen *Kommunikation* - außerhalb der gestrichelten Linien. Außerhalb dieser Linien befindet sich die Umwelt des Wesens.

Tatsächlich kann ein Wesen - als *Empfänger* - nur das wahrnehmen, was zu ihm kommuniziert[9]. Und alles, was ein Wesen - als *Sender* - nach außen in die Umgebung abgibt, kommuniziert zur Umgebung. Es sind die Reaktionen eines Lebewesens, wie im Abschnitt unter Reaktion beschrieben.

Unter Kommunikation ist alles zu verstehen, was man wahrnehmen kann, auch wenn nichts aktiv redet, singt, brüllt.

Auch ein Raum, eine Landschaft kommunizieren zum Beobachter, allerdings in einer anderen „Sprache": Man sieht die Landschaft, spürt ihren Wind, hört das Blätterrauschen, riecht die Pflanzen. Es sind alle anderen Wahrnehmungsorgane neben unserem Gehör beteiligt. Und unmerklich wird ein Teil der Eindrücke gespeichert, gelernt, dabei vernetzt. Man kann sich am nächsten Tag meist an das Gesamte erinnern - sofern es für den biologischen Organismus interessant war. Wenn es aus dem Kurzzeitgedächtnis in das Langzeitgedächtnis transferiert wurde.

Kommunikation ist auch das, was ein anderes Lebewesen, ein anderer Mensch von uns wahrnehmen kann, auch wenn wir kein Wort sagen. Die Kleidung, Körperhaltung, Geruch, Gestik, Handlung, viel-

---

[9] *Sofern die Wahrnehmungsorgane überhaupt geeignet sind.*

leicht auch unsere Stimme wurden von Dritten wahrgenommen. Sie haben kommuniziert. Unsere Reaktion nach außen hat kommuniziert, hat Botschaften gesendet, wurde von Dritten als Kommunikation verstanden.

Nur wenn die Wahrnehmungsorgane selbst und dann die Interpretation im Gehirn dafür geeignet sind, dafür konditioniert und trainiert sind können wir Kommuniziertes gut, besser oder richtig wahrnehmen und in seiner Bedeutung verstehen.

Das bedeutet anders herum:

Wenn wir wollen, dass Kommuniziertes von einem Menschen, Säugling, Kind, Jugendlichen oder Erwachsenen wahrgenommen und dann gelernt werden soll, dann ist es hilfreich, vorher hinreichend zu verstehen, wie diese Menschen im Verhalten, ganz besonders im Wahrnehmungs- und Lernverhalten funktionieren. Sowohl wie sie typisch - als Mensch, auch als eben geborener funktionieren wie auch individuell - als Ingeborg, Ute oder Horst.

Unter intelligenter Kommunikation im Bild oben ist genau das gemeint, nämlich das Verständnis, wie Menschen je nach Alter sowohl grundsätzlich wie auch individuell wahrnehmen und lernen.

Angepasst meint, seinen spezifischen, individuellen Gegenüber einschätzen zu können, die Inhalte seines spezifischen Lernturms grob zu erahnen, um sich dann einfühlsam in der eigenen Kommunikation darauf einstellen zu können. Man passt sich ihm an.

Es meint auch, die mit dem biologischen Organismus verbundenen Wahrnehmungs-, Interpretations- und Lernmechanismen zu verstehen, um sich daran anpassen zu können.

Intelligent und angepasst zu seinem Gegenüber zu kommunizieren bedeutet, Resonanz mit ihm herzustellen, seine Interessen zu finden. Dann ist die Wahrscheinlichkeit maximal, dass seine Wahrnehmung zu einer dauerhaften Abspeicherung in seinem Lernturm führt. Sie ist aber nie 100 %.

Kommunikation ist Verhalten pur.

Konditionierung und Manipulation

An dieser Stelle, etwas vorgreifend, müssen ein paar vielleicht schon bekannte Begriffe in unseren Verhaltens- Zusammenhang gebracht werden:

Psychologen sprechen von *Konditionierung*, wenn es um das Erlernen von Reiz- Reaktionsmustern, meist von Tieren geht.

Pawlow[10] beobachtete, dass bei seinem Hund der Speichelfluss bereits durch Geruch oder den Anblick des Futters ausgelöst wurde.

Um das zu untersuchen, fütterte er seinen Hund eine zeitlang zusammen mit einem Glockenton. Dann ließ er nur die Glocke tönen - ohne Futter zu geben - und beobachtete, dass der Speichelfluss bereits durch die Glocke allein ausgelöst wurde. Ohne vorheriges Training löst eine Glocke den Speichelfluss natürlich nicht aus.

Der Pawlow´sche Hund hat durch Lernen eine neue Konditionierung erfahren, als man ihm beibrachte, dass ein Glockenton mit Futter verbunden ist.

Der Begriff der Konditionierung wird in diesem Buch aber nicht nur für das Erlernen neuer Reiz- Reaktionsmuster benutzt, sondern generell für jegliche vom Lernturm ausgelösten Reaktionsmuster.

Mit anderen Worten: Wenn die Inhalte im Lerntümchen die Reaktionen eines Lebewesens bestimmen, dann bilden alle Inhalte zusammen seine gesamte Konditionierung.

Der Begriff der Konditionierung ist zwar ein wenig negativ belegt, gerade weil er aus der Welt der Tierexperimente stammt und nach Dressur klingt, doch ist er so sachlich richtig verwendet.

Menschen sind deshalb, wie auch Tiere, *immer* konditioniert.

Ab Geburt werden sie durch Mutter und Vater, Umgebung, dann Großeltern und Geschwister konditioniert: Völlig unbewusst lernen sie ab der ersten Lebenssekunde Reiz- Reaktionsmuster wie der Pawlow`sche Hund - nur sehr viel komplexer.

---

[10] *Pawlow: russischer Mediziner und Physiologe 1849 bis 1936*

Wer das negativ sehen will, kann sogar von Manipulation sprechen: Kinder bekommen von ihrer Umgebung, einschließlich der Eltern eine Konditionierung mit, nach der sie sich später verhalten müssen. Sie sind eigentlich manipuliert, weil sie von anderen Menschen konditioniert wurden. Gehört die Fähigkeit des selbständigen, kritischen Hinterfragens nicht zu ihrer Konditionierung, dann werden sie hörig, auch fanatisch.

Wenn Kinder bereits in jungen Jahren als fanatische, religiöse Fundamentalisten erscheinen, so wurden sie entsprechend konditioniert. Aufgeschlossene Europäer würden das als Manipulation bezeichnen, weil solche Kinder später sehr leicht und unkritisch beispielsweise ihren religiösen Führern folgen - müssen.

Wenn junge Menschen zu Selbstmord- Attentätern werden, wurden sie insgesamt so konditioniert, dass man sie manipulieren kann: Sie glauben, sich frei zum Selbstmordattentat entschieden zu haben, wurden aber so entsprechend konditioniert und manipuliert.

Solch ein Verständnis von Konditionierung und Manipulation führt auf einen weiteren, ganz ungewohnten Punkt - den wir im Anschluss noch tiefer beleuchten:

Wenn der Lernturm eines Menschen bei Geburt oberhalb der Geburtslinie leer ist und unterhalb fertig, wie ist der Mensch dann in seiner ersten Lebenssekunde konditioniert? Wie ist man durch genetisch programmierte Grundverhaltenskomponenten und Verhaltensmuster konditioniert?

Das kann man auch negativ verstehen: Werden wir durch unsere Grundverhaltenskomponenten GVK ab Geburt manipuliert, so lang wir nichts *bewusst* von ihnen wissen?

Lesen Sie also die weiteren Seiten und Kapitel bitte mit dieser Hintergrund- Sichtweise:

Wir sind *immer* konditioniert.

> Bei Geburt ist ein Mensch durch die geerbten Grundverhaltenskomponenten GVK und davon abgeleitete Verhaltensmuster konditioniert. Danach durch seinen persönlichen Mix aus Geerbtem und Gelerntem.

Die Konditionierung erhält also später ab Geburt gelernte *Zusätze*: Erziehung, Bildung, emotionale und rationale Intelligenzentwicklung. Unsere Konditionierung kann verändert werden. Wie viel, wodurch und wie werden wir noch darstellen.

Und die Konditionierung erlaubt, Menschen und Tiere zu manipulieren, zu dressieren, so lang sie über ihre Mechanismen keine Bewusstheit haben. Wie es heute laufend geschieht. Nicht nur durch die Werbung.

Anders herum: *Bewusstheit* um solche Mechanismen ist der beste Schutz gegen willkürliche Manipulation durch Dritte. Ein ganz herausragendes Merkmal einer Persönlichkeit.

Zusammenfassung

Verhalten ist die Reaktion auf Wahrnehmungen. Jegliches Verhalten, in allen Lebensbereichen, fachlich wie sozial, hängt von der Information ab, die im Gehirn eines Lebewesens, in seinem Lernturm gespeichert sind.

Der Lernturm lässt sich in Schichten beschreiben, deren unterste die genetische, geerbte Schicht ist. Hier sind die Grundverhaltenskomponenten GVK verankert. Ganz oben liegt die Schicht der Selbstwahrnehmung, des Bewusstseins und der Bewusstheit um unsere Bauart.

Die Gesamtheit aller dieser Informationen lässt sich als „Konditionierung" verstehen, die Charakter und Mentalität eines Menschen darstellen. Menschen sind also immer konditioniert. Zum Zeitpunkt der Geburt durch die Grundverhaltenskomponenten.

Archaisches Grundverhalten und GVK

Eine bewusst entwickelte, ethisch orientierte Persönlichkeit kennt die eigenen bauartbedingten Verhaltensmerkmale, die eines unbewussten biologischen Organismus, und kann mit ihnen kontrolliert umgehen.

Die Grundverhaltenskomponenten GVK

Als Grundverhaltenskomponenten GVK werden in diesem Buch Verhaltensbausteine bezeichnet, die in jedem Lebewesen *genetisch verankert* sind, gleich ob Wurm, Fisch, Vogel, Säugetier oder Mensch.

Es ist Verhalten, das nicht von der Lebensnische abhängt.

Wie daraus Nischen- Verhaltensmuster entstehen, die typisch für Wurm, Fisch, Vogel oder Säugetier und Mensch sind, wird anschließend behandelt.

> Der vollständige Ableitungsprozess der GVK aus der Evolution der Natur ist des Umfangs wegen in einem speziellen Buch dieser Reihe erläutert. Im Anhang finden Sie einen knappen Abriss des Prinzips.

Hier werden die gefundenen Grundverhaltenskomponenten GVK nur aufgezählt. Die umseitige Liste nennt sie in der Sprechweise von Anweisungen für ein unbewusstes Wesen.

Lassen Sie mich noch mal betonen, dass der Prozess der Ableitung der GVK aus den Anfängen der irdischen Evolution die Existenz oder die Beobachtungen von Menschen *nicht* erfordert.

Gleichwohl wurden die Formulierungen so gewählt, dass sie auf Menschen anwendbar sind.

Die GVK: Das Archaische Grundgesetz AG

- Du bist für dich das Wichtigste!
  Sei egoistisch, nimm´ dir alle Vorteile, egal zu wessen Lasten,
- Physische Stärke und Dominanz strebe an, sie geben dir Privilegien,
  - Auch mit Gewalt und ohne Rücksicht,
- Lass´ deine Freiheit und Unabhängigkeit von niemandem und nichts einschränken,
- Absolute Sicherheit strebe für dich an, tue alles dafür, unsicheres Neuland vermeide, suche sichere Nischen auf,
  - Vorsicht, Misstrauen, Skepsis vermeiden Risiken, vertraue nur dir selbst,
  - aber erkunde Unbekanntes aus sicherer Position (Neugier, gilt nur für individuell lernfähige Organismen),
- Verhalte dich unsymmetrisch (unfair), Gerechtigkeit nützt dir nicht,
- Erobere Reviere, verteidige eigene, eigne dir an,
  - Nimm´ anderen Dinge weg, zum eigenen Vorteil, auch zu Lasten Dritter,
- Repliziere dich möglichst oft. Erobere dazu das andere Geschlecht, notfalls mit Stärke und Gewalt,
  - Fördere und nutze Resonanz zwischen den Geschlechtern,
- Versorge und beschütze deine Nachkommen, bis sie erwachsen sind, gefährde dabei aber nicht die eigene Fortpflanzungsfähigkeit,
- Reagiere opportunistisch – pragmatisch, (hier und jetzt),
  - Handle nach „der Zweck rechtfertigt die Mittel", frage nicht nach Fairness,
- Bewerte immer „nützlich und schädlich", aus egozentrischer Sicht,
- Deine Entscheidungen sind immer richtig, du irrst nicht,
- Halte Rangordnungen ein, so lang sie dir einen Vorteil bringen, (gilt nur für Gruppen- oder Herdentiere),
- Und vermeide Veränderungen an dir selbst, sie sind ein Risiko.

Die GVK- Liste ist als *Grundgesetz archaisch- unbewussten Verhaltens*, als Archaisches Grundgesetz AG überschrieben. Seine Zeilen, jeweils eine Komponente des Grundverhaltens, sind wie die Artikel einer Verfassung.

Das Befolgen des Archaischen Grundgesetzes AG führt zu einem nachhaltigen Überleben jedes einzelnen *Individuums* und seiner Nachkommen in der unbewussten Evolution. Die Menge der Nachkommen wird wachsen, bis zu einem Gleichgewichtszustand mit Nahrung, Fressfeinden und Konkurrenten.

Das AG ist archaisch alt, weil sich bereits replikationsfähige Großmoleküle so verhalten. Auch Bakterien, Schnecken und Heringe.

Halten Sie sich durchaus vor Augen, dass hier das unbewusste, völlig natürliche Verhalten, wie das eines Wolfs beschrieben ist, der ohne jegliche Skrupel mit seinem Rudel über eine Hirschkuh und ihre beiden jungen Kitze herfällt.

Aber auch ein Borkenkäfer befällt ohne jegliche Rücksicht zusammen mit seinen Nachkommen ein Fichte und zerfrisst ihre Rinde so vollständig, dass sie abstirbt: Eigener Vorteil zu Lasten anderer. Ohne Rücksicht, in vollster Überzeugung, dass er das so tun muss.

Falls Sie beim Lesen dieser GVK-Liste einen leicht negativen Eindruck verspürten, so ist das völlig normal: Unter den GVK findet sich eine Reihe von Merkmalen, die Sie an Menschen als eher negativ und schlecht bewerten. Einige andere klingen aber eher positiver.

Dennoch soll die GVK- Liste eigentlich nicht wertend verstanden werden: Sie ist der Versuch, die Dinge so auszudrücken, wie sie sind. Mit der Wortwahl, die Menschen dafür benutzen.

Wenn Sie über alle Zeilen der GVK- Liste einen eher ambivalenten[11] Eindruck haben, so liegt das auch in der Natur der Sache: Die GVK sind ja unseren positiven Antriebe der Evolution, ohne die es uns nicht gäbe. Sie treiben jedes Individuum dazu an, sich gegenüber anderen durchzusetzen und fortzupflanzen. Sie sind „wir selbst": Wie sollten wir das für schlecht halten?

Die GVK fördern aber nur das Individuum: Sie züchten so Egozentriker, die immer den eigenen Vorteil suchen, egal zu wessen Lasten.

---

[11] **am·bi·va'lent 1.** *doppelwertig* **2.** *von etwas gleichzeitig angezogen und abgestoßen* **3.** *zwiespältig, doppeldeutig*

Für den Egozentriker selbst ist das OK. Für die dadurch Betroffenen nicht. Erst der rücksichtslose, gleichgültige, gewalttätige Egozentriker sorgt in einer Gesellschaft für schädliche Auswirkungen.

Beide Wirkungen sind bei uns eingebaut - bauartbedingt.

Sicher werden Sie einen Menschen, dessen Verhalten weitgehend der Liste der GVK entspricht, nicht als rechtschaffene Persönlichkeit beschreiben. Ist er auch nicht. Und dennoch könnten Sie das Gefühl haben, dass eine Persönlichkeit von jeder Zeile des AGs ein kleines Quäntchen haben sollte - nur nicht zuviel.

Verankern Sie durchaus bereits jetzt das Gefühl, dass ein Verhalten nach den GVK tierhaft ist - positiv wie negativ gemeint.

Verankern Sie bei sich auch, dass alle Artikel des AGs, die Zeilen der GVK Liste, den genetisch programmierten *Eigenantrieb* darstellen, der jedes *unbewusste* Lebewesen lebenslang treibt.

Dieser Eigenantrieb liegt also auch beim Menschen vor: Genau so wie eben beschrieben. Er ist nur überdeckt von einer unterschiedlich starken Schicht an Moral oder Kultur, die in den Lernschichten oberhalb der Geburtslinie sitzt. Und er wirkt so lang, wie darüber nicht wirkliche Bewusstheit existiert.

Bitte tolerieren Sie die teilweisen begrifflichen Überlappungen in den Artikeln des AG. Sie wurden bewusst belassen, um die Wiedererkennung mit menschlichem Verhalten zu erleichtern. Im Grundlagenbuch ist zusätzlich eine Hierarchie, eine Art Abhängigkeit unter den GVK auch grafisch skizziert.

Mit den GVK allein lässt sich gut leben

In der menschlichen Ahnenkette, ggfs. auch mit gemeinsamen Vorfahren gibt es jede Menge Lebewesen, die auch ohne jegliche individuelle Lernfähigkeit, allein mit ihrer genetischen Programmierung nach dem AG und seinen Artikeln, seit Milliarden von Jahren gut leben konnten.

Sie können wahrnehmen, was für sie wichtig ist und darauf reagieren. Also müssen sie in ihrem Inneren aktuelle Wahrnehmungen mit gespeicherten vergleichen und bewerten können. Sie reagieren dann so wie sie *wollen*: Also müssen sie über eine Willensbildung verfügen.

Sie beherrschen schon bei Geburt die für sie typischen Verhaltensmuster, ohne sie je individuell und persönlich gelernt zu haben. Solche Wesen sind *ausschließlich* genetisch programmiert.

An einem Beispiel lässt sich das leicht veranschaulichen:

Eine einfache Spinne kann alles, was sie im Leben braucht, sobald sie aus dem Kokon schlüpft:

Ohne jemals eine andere Spinne, ein anderes Netz, ein Fensterkreuz oder eine Fliege gesehen oder erlebt zu haben, kann sie unmittelbar nach dem Schlüpfen ein unglaublich kompliziertes Netz an raffinierter Stelle zwischen hell und dunkel aufhängen und damit Fliegen fangen, die sie als Nahrung und als Brutplatz braucht - was sie nie zuvor persönlich wahrgenommen hat.

Sie besitzt die individuell lernfähigen Schichten oberhalb der Geburtslinie überhaupt nicht. Sie hat nur ihre genetisch programmierte Schicht. Dennoch aber hat sie sogar eine *Geisteshaltung*:

Egozentrisch und *ohne Rücksicht* auf das Lebensinteresse von Fliegen fängt sie die, verspeist sie selbst oder benutzt sie für ihre *Nachkommen*. Für die wiederum sorgt sie *rührend*, indem sie ihre Eier in Nahrung darstellende Fliegen legt und das Ganze mit einem schützenden Geflecht umgibt. Mit allem, was sie kann und hat, *wehrt* sie sich dagegen, *selbst gefressen* zu werden. Damit beschäftigt sie sich den lieben langen Tag und während der Nacht.

Es wird später noch klarer, warum „Geisteshaltung" auch auf Lebewesen ohne Geist angewendet werden kann.

Bei einem *eben geborenen* Zebra oder Löwen ist das gleich. Die Schichten in ihrem Lerntürmen oberhalb der Geburtslinie sind so leer, als ob sie gar nicht existierten. Und dennoch beherrschen sie das Aufstehen und Trinken von Muttermilch, ohne es je erlebt zu haben. Und als junge und erwachsene Tiere haben sie ebenfalls eine Geisteshaltung - wie die Spinne.

Also müssen auch Menschen ganz typische Verhaltensmuster und Geisteshaltungen haben, die sie die gleichartigen Ziele verfolgen lassen - wie unbewusste Lebewesen.

An heutigen Menschen, so wie Sie und ich sie kennen, ließe sich das allerdings nur dann *deutlich* und *zweifelsfrei* erkennen, wenn man die Zivilisations-, Kultur- und Moral- Decke anhebt, um darunter zu sehen. Genau das geschieht durch die Offenlegung des unbewussten, archaisch- natürlichen Verhaltens, durch das AG.

Warum sollte nicht laut und deutlich ausgesprochen werden, dass wir tierhaft primitive Antriebe in uns enthalten? Warum sollte nicht jeder Mensch wissen, dass das sowohl in ihm selbst so d´rin ist wie in jedem anderen auch. Auch in Politikern und Top Managern? Und dass die GVK durchbrechen, wenn die ethische Decke darüber zu dünn und zu schwach ist?

Warum sollte man den Begriff der Persönlichkeit für solche Menschen nicht völlig vermeiden, die sich in der Gesellschaft weitgehend nach dem AG verhalten: Tierhaft primitiv? Und sie das wissen lassen?

Und wenn jeder die Antriebe bei sich und anderen leicht erkennen kann, entsteht dann nicht auch ein *Eigenantrieb*, lieber doch nicht als tierhaft primitiv erscheinen zu wollen?

Eine kleine Anmerkung am Rande:

Lassen Sie mich an dieser Stelle kurz auf die Schwierigkeiten traditioneller Philosophen und Psychologen deuten, wenn sie *Verhaltensmuster* aus *Beobachtungen* des alltäglichen Lebens der Menschen herausfiltern wollen:

Die grundlegenden *unbewussten, archaischen* Muster sind bei Menschen praktisch immer überdeckt. Durch eine intuitiv gelernte Schicht aus empirisch entwickeltem *Moral, Kultur* oder *Sachwissen,* die bei allen Menschen obendrein verschieden stark ist.

Das führt zu einer enormen Komplexität von Beobachtungsergebnissen, aus denen Verhaltensmuster oder Grundverhalten kaum besonders klar und eindeutig herausgefiltert werden kann.

Genau das ist die Stärke dieser Buchreihe.

Nur die Verhaltensanalyse entlang der Evolution, ab replikationsfähigen Molekülen und davor, liefert einerseits eine nachvollziehbare

Struktur der Grundverhaltenskomponenten und andererseits Klarheit über den Beitrag von Lernen und Bewusstseins.

Übrigens: Wir sind noch immer auf der Spur der Persönlichkeitsentwicklung, zu der gerade die Erkenntnis- Voraussetzungen geschaffen werden.

Sehen wir uns genauer an, welche Rolle die GVK spielen und welche Auswirkungen das hat - nicht nur in der Gesellschaft.

Zusammenfassung

In jedem Lebewesen, auch im Menschen liegen genetisch verankerte Grundverhaltenskomponenten GVK. Sie lassen sich über einen neuen Prozess aus der Naturevolution ableiten. Sie sind einerseits die positiven Evolutionstreiber, andererseits negativ in der Gesellschaft: Weil sie nur das Individuum fördern, züchten sie Egozentriker. Die GVK sind die Wurzel der Natur des Menschen: Positiv wie negativ.

Rolle und Wirkung der GVK

Die Grundverhaltenskomponenten GVK treiben Leben und Evolution jedes biologischen Organismus. Unser menschliches Bewusstsein lässt uns erkennen, dass für ein ethisches Zusammenleben dem Treiben der GVK Grenzen aufgezeigt werden müssen. Diese Fähigkeit zeichnet wirkliche Persönlichkeiten aus.

Die GVK als Treiber und Selektionskriterien

Die GVK sind die eigentlichen Evolutions- und Fortschrittstreiber, weil sie die Replikationsbilanz[12] entsprechender Organismen hoch halten. Sie sorgen dafür, dass sich Individuen gegenüber anderen Individuen wie Konkurrenten, Feinden, Nahrung und gegenüber sonstigen Bedrohungen hinreichend behaupten können: Sie machen die Wesen hinreichend durchsetzungsfähig. Dazu kommt es nur auf den eigenen Vorteil an.

Als Evolutionstreiber ließen die GVK immer bessere Organe entstehen: Reaktionsorgane, Wahrnehmungsorgane, steuernde Gehirne, Selbstwahrnehmung und Bewusstsein. Sie ließen die Lernfähigkeit entstehen und wachsen, weil jene den Individuen mehr Vorteile für Leben, Überleben und Fortpflanzung lieferten: Den Individuen!

Als tiefste Stufe von Verhalten sind die GVK unabhängig von der Lebensform und der Lebensnische: Alle Organismen sind so, auch wenn man das einer Rose oder einem Zaunkönig nicht sofort ansieht.

Die GVK sorgten dafür, dass es Menschen gibt - und alle anderen heute lebenden Wesen, zu Wasser, zu Lande oder in der Luft. Sie

---

[12] *Replikationsbilanz: Verhältnis aus Entstehung und Vergehen, im Durchschnitt und über viele Generationen, vgl. Anhang.*

sind es, auf die alle unseren Eigenschaften und Fähigkeiten zurückzuführen sind. Sie gehören zu uns wie Blut, Herz und Hirn.

In unserer modernen Gesellschaft sind die GVK noch immer die Antreiber für alle technischen und staatlichen Errungenschaften, auf die wir Menschen stolz sind. Sie sind die Antreiber für individuelle Lebensqualität - die manche Menschen auch erreichen. Und bei der Formung der Persönlichkeit eines Menschen spielen sie die Rolle des Fundaments eines Gebäudes.

Und um das damit verbundene Verständnis zu vervollständigen:

Die GVK sind die Darwin´schen Selektionskriterien der Natur.

Sie treiben an, dass Organismen häufiger entstehen als dass sie vergehen. Dass sie sich im Mittel häufiger replizieren als dass sie gefressen werden. Dann haben sie eine Replikationsbilanz[13], die mehr Organismen hervorbringt als untergehen. Lesen Sie dazu auch den Anhang.

Die GVK bevorteilen *nur* die Individuen, nicht eine Lebensform als Ganzes. Weil *bevorteilte* Individuen in der Anzahl aber zunehmen, entsteht eine Lebensform - aus sehr vielen Individuen.

Die GVK treiben Lernfähigkeit und Intelligenz

Vielleicht ist Ihnen schon einmal aufgefallen, dass Ameisen, Spinnen und Fliegen nicht spielen, wohl aber lernfähige Säugetiere? Dass einfache Fische nicht spielen, wohl aber hoch lernfähige Delfine?

Wer über einen großen Speicherbereich und hohe angeborene Kombinationsfähigkeit verfügt, dessen Replikationsbilanz wird grundsätzlich noch besser, wenn er seine Fähigkeiten von sich aus trainiert

Deshalb wird der biologische Organismus eine höhere Replikationsbilanz haben, der über Mechanismen und Antriebe verfügt, die eigene Kombinations- und Verknüpfungsfähigkeit individuell zu trainieren und zu verbessern.

> Kombinations- und Verknüpfungsfähigkeiten fördern beispielsweise das Erkennen von Zusammenhängen zwischen den Inhal-

---

[13] *Replikationsbilanz: Lesen Sie dazu bitte den Anhang am Ende des Buchs.*

ten im Speicher, das Erkennen von Funktionsweisen und die Fähigkeit zu unterschiedlichen Standpunkten und Sichtweisen: Ein ganz erhebliches Merkmal für Intelligenz.

Das gilt bereits für hoch lernfähige unbewusste Lebewesen wie Katzen, Hunde, Löwen, Giraffen und Delfine - und ganz besonders im Kindesalter, so lang die Speicher für Inhalte und Programme noch ungefüllt sind. Solches Training ist nichts anderes als Spielen.

Bei hoch lernfähigen Lebewesen kann es also mehrere *Lernrichtungen* zur Erhöhung der Replikationsbilanz geben:

- Einen Antrieb zur Einspeicherung *neuer Sachverhalte* samt Wertung über die Nützlichkeit / Gefährlichkeit (Futter, Wasser, Umgebung, Situationen, Wetter, Jahreszeiten, ...),

- Einen Antrieb zur Verbesserung der *Kombinations- und Verknüpfungsfähigkeit*: Vernetzung der Gehirnzellen,

- Einen Antrieb zum *Beziehungsverhalten*: Wie gehe ich mit anderen Lebewesen der gleichen oder einer verschiedenen Bauart um? (Feinde, Futtertiere, Partner zum Jagen, Feinde, Rivalen).

Alle zusammen sind die Treiber für Intelligenz. Für rationale wie auch emotionale Intelligenz.

Intelligenz selbst ist die Fähigkeit zum Denken in Zusammenhängen und ihr Verknüpfen zu optimalen Problemlösungen. Natürlich ist dazu auch die Verfügbarkeit über große Mengen von Sachinhalten eine Voraussetzung. Emotionale Intelligenz als die Fähigkeit, mit anderen Menschen in der Weise umzugehen, wie man selbst gerne behandelt werden möchte. Intelligenz zeigt sich dann auch im vernünftigen Handeln mit altruistischem Anteil.

In der Psychologie ist Intelligenz ein Sammelbegriff für die kognitiven Fähigkeiten, zu verstehen, zu abstrahieren, Probleme zu lösen, Wissen anzuwenden und Sprache zu verwenden.

> *Thurstone* beschreibt mit Hilfe seiner Multiple Faktoren Theorie mehrere Einzelfaktoren als Komponenten für Intelligenz: Räumliches Vorstellungsvermögen, Rechenfähigkeit, Sprachverständnis, Wortflüssigkeit, Gedächtnis, Wahrnehmungsgeschwindigkeit, logisches Denken.

Intelligenz findet im Neocortex statt, in einem System aus vernetzten Neuronen und vernetzenden Synapsen. Das besondere daran ist, dass die Verarbeitungsprozesse und *Rechenvorgänge* im gleichen *synaptisch vernetzten* Gehirn stattfinden, in dem auch gespeichert wird.

Ein Computer besteht aus Speicherzellen, getrennt für Inhalte und Programme, und aus *separaten* Prozessoren, die mit Hilfe der Programme Inhalte verarbeiten können. Seriell. Das Gehirn erledigt das mit dem gleichen vernetzten Organ, simultan und stark parallelisiert.

In der Sprechweise biologischer Gehirne ist Intelligenz also eine hohe Ausnutzung des Speicherbereichs und eine starke Vernetzung zwischen den diversen Bereichen und ihren Neuronen.

Intelligenz ist ganz natürlich trainierbar, wie noch gezeigt werden wird. Aber solches Lernen kann nicht stattfinden, wenn der Organismus um sein Leben rennt, also Angst hat. Lernen muss Freude machen. Das ist dann Spielen. Das lässt sich auch an Hand der hormonellen Steuerung der Gehirne beim Lernen sehr gut belegen, wie im vorigen Abschnitt skizziert.

Die GVK repräsentieren eine archaische Geisteshaltung

Seien Sie durchaus erschrocken über das menschliche Grundverhalten, das durch die GVK beschrieben ist. Und nehmen Sie die weniger evidenten GVK hinzu: Die fehlende Gerechtigkeit, die Überzeugtheit von der eigenen Sicht, die konservative Grundhaltung oder das opportunistische hier und jetzt Verhalten:

Dann beschreibt das Archaische Grundgesetz AG nichts anderes als die Geisteshaltung eines natürlichen, archaischen, unbewussten Lebewesens: Die Geisteshaltung einer Amöbe, einer Qualle, eines Herings oder eines Eisbären. Ein entwickelter, intelligenter, auch bewusster Geist in unserem Sinne ist für diese Geisteshaltung nicht erforderlich.

Für einen Menschen *ohne* ethischen Anteil liest sich das dann so, am Beispiel „Mann":

Die GVK skizzieren einen egozentrischen Menschen, der sich selbst immer das Wichtigste ist. Er ist ein Macho, der über andere dominieren will, um für sich Privilegien und Sonderrechte herauszuschlagen, zu Lasten von wem auch immer. Dazu wendet er auch rücksichtslose Gewalt an - falls erforderlich. Er profiliert sich durch „Aushängeschilder" und diskreditiert mögliche Konkurrenten.

Das, so glaubt er, macht ihn in den Augen des anderen Geschlechts attraktiver: Tatsächlich hat er Macht und Geld, um sich alle Frauen leisten zu können - was er auch macht. Ohne Rücksicht auf deren Interessen nützt er deren Zwangslagen zu seinem Vorteil aus. Hat er Kinder in die Welt gesetzt, scheut er die zugehörige Verantwortung und befruchtet stattdessen lieber weitere Frauen.

Natürlich strebt er für sich jegliche Sicherheit an, die er jedem anderen verwehrt, wenn es für ihn selbst dadurch günstiger ist.

Er orientiert sich immer an vergangenen Erfahrungen und ist misstrauisch und skeptisch gegenüber allem, was er nicht kennt. Das sagt auch schon der Volksmund: Was der Bauer nicht kennt, frisst er nicht. Darum hasst er auch alles, was ihn selbst verändern will.

Wenn er kann und will, erobert er fremden Besitz, nimmt weg, egal wer darunter leidet, auch mit rücksichtsloser Gewalt. Andere Interessen sind ihm gleichgültig.

Hat er ein Problem, will er sofort „machen", ohne lange nachzudenken. Analytisches Nachdenken ist ihm ohnehin fremd.

Er reagiert immer aufgrund seiner eigenen Erfahrungen, die er nie anzweifelt: Er hat ja immer Recht. Man kennt ihn als rechthaberisch. Leute mit wirklichem Durchblick hasst er: Ohne sich selbst als Rechthaber zu erkennen, klassifiziert er Denker und Theoretiker als Besserwisser. Arrogant und selbstherrlich kanzelt er sie ab, ohne seine eigene Unwissenheit und Unfairness dabei zu erkennen. Nach Belieben ändert er seine Äußerungen: Was schert mich mein Geschwätz von gestern.

Wenn Menschen von Geisteshaltung reden, meinen Sie meist die ethische, ehrliche, mitfühlende, unterstützende, aufgeschlossene.

Menschen *ohne* ethischen Anspruch haben die Geisteshaltung eines unbewussten Tieres, so wie sie oben beschrieben wurde. Das klingt sicher sehr diskreditierend. Aber es sachlich gesehen ist es so.

Und die Intelligenz im Kopf scheint das oft nur zu verstärken. Unabhängig davon, ob er einen Armani- Anzug trägt, prominent ist oder über Reichtümer verfügt.

Bitte beachten Sie nochmals, dass die eben skizzierte Geisteshaltung nur den archaisch- unbewussten Kern darstellt.

Der geneigte Leser mag selbst beurteilen, bei welchem Entwicklungsstand die Weltbevölkerung im Durchschnitt heute wohl steht, wo in USA, wo in Deutschland.

Wie beurteilen Sie den Entwicklungsstand der durchschnittlichen Geisteshaltung in der freien Wirtschaft? An der Börse, beim Abholzen von Regenwäldern? Wie beurteilen Sie die Geisteshaltung der Taliban in Afghanistan?

Solch eine archaisch- unbewusste Geisteshaltung ließe sich natürlich auch für Frauen niederschreiben. Sie deckt sich allerdings weitgehend mit der für Männer, mit ein paar Ausnahmen:

Die sexuelle Ausstrahlung wird weit stärker, sogar dominant, als Machtmittel eingesetzt, um egozentrische Ziele zu erreichen. Diese unbewussten Ziele sind nicht nur die Befruchtung, sondern insbesondere auch der Schutz durch den stärksten, mächtigsten, reichsten Mann - weil in der Schwangerschaft und während der Nachwuchspflege die Schutz- und Versorgungsfunktion der Frau selbst stark eingeschränkt ist.

Die GVK erzeugen erfolgreiche Despoten

Wie in der unbewussten Natur hoch entwickelter Tiere gelangen die stärksten unter ihnen in die Rolle der Alphatiere: Leitwolf, Chefbüffel oder Elefanten- Leitkuh. Nicht unbedingt die Intelligentesten.

Der Einsatz ihrer Körperkraft und Ihre körperliche Ausstrahlung erlauben ihnen, die Macht gegen Konkurrenten an sich zu reißen. Ihre besonders laute, dominante Stimme lässt Wettbewerber zurückzucken. Gleichartig gebaute, rangniedrigere Gefolgsleute sind beeindruckt und scharen sich um ihn. Sie verstärken so die Macht des Alphas und geben ihm - und sich selbst- Sicherheit.

Der Alpha fragt niemanden: Er entscheidet täglich so, wie ihm das gerade nützlich erscheint. Warum auch fragen? Er weiß das Notwendige selbst - am besten. Er folgt keinen fremden Regeln: Regeln sind für die anderen da - und er selbst stellt sie auf. Und ändert sie nach Gutdünken, wenn sie ihm anders besser erscheinen. Er verfügt über Besitz und andere Menschen, wie es ihm gerade gefällt. Noch vor wenigen Jahrhunderten gehörte dem Monarchen die erste Nacht mit der Braut. „L´Etat, cèst moi", Der Staat? Das bin ich, sagte der französische Sonnenkönig Ludwig XIV.

Und Gerechtigkeit? Als oberster Rechtsherr bestimmt der Alpha, was mit Rechtsbrechern zu geschehen hat: Und oft war es der Tod.

In einer Gesellschaft, die vornehmlich aus egozentrischen, noch vorwiegend archaisch- unbewusst angetriebenen Menschen bestehen, ist das genau gleich: Der Stärkste nimmt sich durch Gewalt die Macht.

Dafür hat die Menschheit eine Jahrtausende alte Erfahrung, die auch noch heute gemacht werden können: In nicht wenigen Staaten verschaffen sich Machos Waffen und Gefolgsleute, um damit an die Regierungsmacht zu kommen. Siehe Afrika.

Und auch in demokratischen Systemen wirken die GVK: Wenn die Wähler mehrheitlich eine tief innen liegende archaische Geisteshaltung haben, so wählen sie mehrheitlich denjenigen, der *darin am besten* ist - und wundern sich später, dass der Gewählte sich so wenig für gesellschaftliche Ziele einsetzt.

> Tyrannen, Despoten, Diktatoren, Eroberer, machtbesessene Alphaexemplare der Vergangenheit, von Dschingis Khan, Alexander der Große über Cäsar bis Hannibal und darüber hinaus bilden eine unzählbar lange Kette.

Auch in der heutigen, jüngeren Weltgesellschaft gibt es unzählige Beispiele: Beispielsweise Hitler und seine Nazis, Stalin, Suharto, Saddam Hussein gehören eher zu den Extremfällen.

Und wenn Sie ganz kritisch auch viele aktuelle Politiker betrachten, erkennen sie die archaischen Merkmale überdeutlich, nur heruntergebremst durch Kontrollorgane und moralisch weiter entwickelte Wähler und Bürger.

Politiker heben ihre eigene Stärke hervor, reden laut und markant, diskreditieren und schwächen Ihre Gegner. Viele gelten als unehrlich, andere gar als Lügner. Manche sind korrupt, andere pornografisch veranlagt. Und die Streicheleinheiten von Massen und Medien lassen sie nicht selten recht arrogant werden.

Und lassen Sie mich das betonen: Weil alle Menschen, natürlich auch die Wähler, gleichartig gebaut sind, nur halt in der Rangordnung tiefer stehen, halten sie ihre Alphas für stark und clever. Daher wählen sie sie auch - im besten Glauben und Irrtum.

In Wirklichkeit fehlen den Bürgern aber die ethisch- sozialen Auswahlkriterien, die sie die eher gesellschaftlich orientierten Führungspersönlichkeiten erkennen und auswählen lassen.

Die GVK fördern Egozentriker

Fragen Sie sich gerade nach dem Zusammenhang zwischen den GVK und einer rechtschaffenen Persönlichkeit?

Weil die GVK nur das einzelne Individuum treiben, züchten sie prinzipiell Egozentriker: Eigener Vorteil zu Lasten von wem auch immer. Sogar solche, die rücksichtslose Gewalt anwenden, weil nur der eigene Vorteil zählt. Egozentriker mit archaischer Geisteshaltung. Wie die Spinne gegenüber Fliegen und Konkurrenzspinnen oder wie Löwen gegenüber Zebras oder rivalisierende Löwen - in menschlicher Sprechweise. Für unbewusste Lebewesen ist die Härte und Unnachgiebigkeit der Natur gegenüber den schwachen Lebewesen völlig normal. Nichts anderes ist bekannt.

Egozentrik ist tatsächlich die einzige Möglichkeit für das Funktionieren einer *unbewussten* Evolution: Die Teilchen, Moleküle und einfachste Organismen, können sich nur um ihr eigenes Anliegen kümmern: Wie sollten sie einen Konsens mit anderen finden können? Wie sollten sie es überhaupt wollen? Und Altruismus[14] erlaubt keine Selektion eines Stärkeren auf Kosten eines Schwächeren.

Lassen Sie sich durch solche Experten nicht irritieren, die meinen, der Mensch sei ein soziales Lebewesen, kein egozentrisches. Zu einem Lebewesen mit erhöhtem Sozialverhalten wird der

---

[14] *Altruismus: Selbstlosigkeit, Uneigennützigkeit*

Mensch vor allem durch die Überlagerung seiner egozentrischen GVK in höheren Lernschichten. Und das auch nur in begrenzter, situationsbedingter Weise. Der menschliche Kern bleiben die GVK.

Und halten wir uns das auch noch mal vor Augen: Ein und dasselbe Grundverhalten nach den GVK wirkt unter Menschen einerseits als gewinnorientierter Fortschrittstreiber und andererseits gesellschaftsschädlich, weil Profite fast immer zu Lasten anderer entstehen. Unser Grundverhalten verursacht Leid und Elend in der Welt der Schwächeren: Profite zu Lasten Schwächerer.

Diese Erfahrung hat wohl jeder im täglichen Leben längst gemacht - auch wenn Zivilisation und Moral, als gelernte Inhalte in höheren Schichten des Lernturms die Spuren der GVK etwas verwischen.

In einer Gesellschaft solcher Individuen führen die GVK zu erheblichen gesellschaftsschädlichen Wirkungen. Es ist eine Frage der Persönlichkeit, wie Menschen damit umgehen.

Egozentriker bilden die Gesellschaft

In einer Gesellschaft leben solche Egozentriker zusammen, natürlich in Rangordnungs- Hierarchien. Solche die in oberen Rängen stehen und solche, die das zwar auch wollen und daher bewundern, aber nicht können. Die in den oberen Rängen dominieren die anderen, zum eigenen Vorteil. Die schwächeren werden dominiert.

Klar, dass das nicht gut gehen kann:

Lebewesen mit Selbstwahrnehmung und Bewusstsein können erkennen, dass ein friedliches Zusammenleben nicht möglich ist, wenn einer dem anderen wegnimmt und andere dominieren will.

Natürlich hat der starke, dominierende, ranghöhere Egozentriker mit sich selbst und seiner Dominanz kein Problem, wohl aber die vielen schwächeren, unterprivilegierten Egozentriker: Sie erkennen im Laufe der Zeit unakzeptable Ungerechtigkeiten und versuchen, sich ihre Rechte zu erkämpfen. So entstanden Demokratien in den Staaten und Mitbestimmungen in den Unternehmen.

Da liegt die Wurzel aller unserer gesellschaftlichen Probleme: Eine Altlast unserer archaisch- unbewussten Vergangenheit, mit Geist und Intelligenz verstärkt, so lang das nicht wirklich bewusst ist.

Haben wir wirkliche Persönlichkeiten an den hohen Schaltstellen in Staat und Wirtschaft oder eher macht- und gewinnorientierte Egozentriker? Trotz aller Regeln, die mittlerweile entwickelt wurden?

Haben wir solche Persönlichkeiten, die ihre unbewussten archaischen Antriebe gesellschaftsfreundlich laufend unter Kontrolle haben? Mindestens, so lang sie in einer gesellschaftlichen Funktion stehen?

Aber selbst wenn das Bewusstsein solche Schieflage erkennt, ist es noch ein sehr weiter Weg bis zu ethischem Verhalten: Schließlich erkennt man beispielsweise das inakzeptable Verhalten an *Anderen* zuerst und das gleiche *an sich selbst zuletzt*.

Dafür ist die GVK der *Unsymmetrie* verantwortlich.

Alle gesellschaftsschädlichen Verhaltensweisen einschließlich aller Kriege gehen auf unsere archaisch- unbewusste genetische Programmierung zurück. Aber weil dies ein so originärer Teil von uns ist, sehen die meisten Menschen das eher nicht. Auch nicht, dass unser Geist eher intelligenter Sklave dieser Antriebe ist.

GVK als Fundament für Verhaltensmuster

Mit dem im Anhang ganz knapp skizzierten, im Grundlagenbuch ausführlich beschriebenen Ansatz lassen sich die Grundverhaltenskomponenten für alle Organismen finden, unabhängig von ihrer Lebensnische.

Geraten Organismen mit ihren GVK in bestimmte Lebensnischen, so entwickeln sich dort Anpassungen der GVK an Nischeneigenschaften, etwa nach dem im folgenden Bild skizzierten Prinzip:

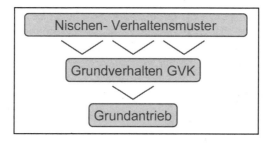

- Das Streben nach Kraft und Stärke (GVK) entwickelte sich bei einem Hasen zu einer beeindruckenden Fluchtstärke, bei einem Elefanten zu schierer Größe und Kraft, bei einem Gepard zu einer enormen Angriffsgeschwindigkeit.

- Das Streben nach Fortpflanzung (GVK) führt bei Vögeln zu mehreren Eiern jährlich mit Brut- und Aufzuchtverhalten der Jungen, bei Fischen und Insekten zu einer schieren Zahl von wahllos abgelegten Eiern, beim Löwenzahn zu einer riesigen Menge fliegender Samen und bei Menschen: Na, das ist ja bekannt.

- Das Streben nach Eroberungen lässt Ahorn Samen weit weg vom Stamm auf dem Boden landen, führt bei Kaninchen zur Ausbreitung über ganz Australien und bei Borkenkäfern zum Befall eines ganzen Waldstrichs. Und Menschen haben seit allen Zeiten mit Keule, Speer und Schwert den Besitz ihrer Nachbarn versucht zu erobern.

Verhaltensmuster sind also Abbildungen der GVK auf bestimmte Nischen mit den darin lebenden Futter- und Feind- Organismen.

Selbstverständlich entwickelten sich solche Anpassungen nicht von jetzt auf nachher, sondern in winzigsten Schrittchen über Millionen von Generationen. Und während sich die Nischen selbst änderten. Näheres dazu in den Grundlagen.

Unsere heutigen menschlichen Nischen, eher Sub- Nischen, sind die verschiedenen Bereiche des täglichen Lebens: Das Leben in der Ehe, mit und ohne Kinder, das Berufsleben, staatlich- gesellschaftliches Leben oder religiöses. In allen Bereichen wirken die GVK und unsere typischen Verhaltensmuster in sehr ähnlicher Weise. Oftmals nur durch andere Begriffe getarnt:

- Das Streben nach Stärke (GVK) äußert sich im privaten Bereich beispielsweise durch Angeberei mit dem Porsche, im staatlichen Bereich durch Profilierung zu Lasten politischer Gegner, im wirtschaftlichen Bereich durch Marktdominanz, durch hohe Umsätze und Gewinne.

- Als Eroberungsverhalten (GVK) von Herrschern, die Länder erobern, als Eroberung von Märkten und Konkurrenten im wirtschaftlichen Bereich, als Eroberung von Andersgläubigen durch Missionare, als Eroberung von Positionen beispielsweise in staatlichen Funktionen.

- Das Streben nach Stärke und Eroberungen treibt die Selbstprofilierung von Mitarbeitern und Managern an, um eigene Karrierechancen zu verbessern, Politiker und Top Manager zeigen sich immer von ihrer vermeintlich stärksten Seite und versuchen ängstlich, jeden Schwächeeindruck zu vermeiden. .

Vor diesem Hintergrund betrachtet: Waren Alexander der Große, Cäsar, Hannibal oder Karl der Große Persönlichkeiten? War es Hitler, der die Schaffung von Lebensraum im Osten und eine Weltherrschaft anstrebte?

Sind Distinguiertheit und Arroganz Merkmale von Persönlichkeit? Sind finanziell erfolgreiche Manager der freien Marktwirtschaft Persönlichkeiten in unserem Sinne, wenn Sie Gewinne steigern, indem sie Personal entlassen? Krupp, Ackermann, Schrempp?

Sie sind es nicht! In nicht wenigen Aspekten verhalten sie sich wie primitive Tiere, trotz Intelligenz, Bildung und schwarzem Anzug. Und wenn die meisten Menschen sie für clever halten, dann bewundern sie nur ihre Fähigkeit, beispielsweise viel Geld zu verdienen - zum eigenen Vorteil zu Lasten vieler anderer Menschen.

Eine einigermaßen vollständige Aufzählung der Verhaltensaspekte an der Oberfläche des Alltags heutiger Menschen könnte beliebig lang sein und ganze Bücher füllen. Das ist auch nicht Gegenstand dieses Buchs.

GVK und die Entwicklung der Persönlichkeit

Es ist ganz wichtig, zu verstehen, dass gesellschaftsfreundliches, gar ethisches Verhalten von Natur aus nicht existiert, sieht man von der Nachwuchsfürsorge ab. Es muss von jedem menschlichen Individuum ab Geburt neu gelernt werden. Klar, dass zu Beginn nur die Eltern oder die zentrale Bezugsperson diese Aufgabe des Vorlebens solchen Verhaltens verwirklichen kann.

Könnten Menschen nichts hinzulernen, würden sie sich gegenüber Mitmenschen immer rücksichtslos und gleichgültig verhalten: Keiner überlässt dem anderen einen Vorteil, alles muss gegen den Widerstand von Konkurrenten erkämpft werden: Eigener Vorteil zu Lasten von wem auch immer. Gegenüber Sippenangehörigen in abgeschwächter Form - wie ganz normale, unbewusste Tiere.

Tatsächlich verhalten sich auch Menschen so, wenn sie im Fach Moral nur wenig hinzulernen: Sie sind in allen Situationen im Leben in der Regel rücksichtslos und egoistisch.

Nur Inhalte höherer Lernschichten, oberhalb der Geburtslinie können das egozentrische, gesellschaftsfeindliche Verhalten der genetisch programmierten GVK hinreichend kompensieren. Präge- und emotionale Schicht bilden dabei die Voraussetzungen.

Welches sind aber die ethischen Erziehungs- Inhalte, die in der Lage sind, die negativen Auswirkungen der GVK unter Kontrolle zu halten? Lassen sie sich beschreiben und möglichst konkret so formulieren, dass sie in der Praxis verwendbar sind?

> Fragt man Eltern, was sie unter praktischer Erziehung verstehen, so hört man zumeist solche Antworten: Die Kinder sollen lernen, wie man sich benimmt. Sag' guten Tag, danke, bitte und schlag' die anderen Kinder nicht. Und gib' von deinem Wurstbrot etwas ab, wenn Egon seines vergessen hat.

Das wäre sicher ein bisschen wenig.

Eine integere, rundweg von anderen Menschen akzeptierte Persönlichkeit entsteht dann, wenn in *ausbalancierter* Weise ...

- Einerseits die positiven Antriebe der GVK gefördert werden, die zu Tatkraft, Unternehmungslust, Eroberungswillen und Selbstbewusstsein führen und

- Andererseits dabei die negativen Auswirkungen der eigenen GVK für Dritte hinreichend unterdrückt werden. Das bedeutet dann Rücksicht auf Schwächere, Mitgefühl, Offenheit, Fairness, Zukunftsorientierung, Analytik. Und das muss sowohl für die Beziehungen zwischen Menschen erreicht werden wie auch zur Entwicklung einer ethischen Haltung gegenüber der Natur.

Also wäre als nächstes die Frage zu beantworten, wie man zu ethischen Inhalten und Botschaften kommt, die in der Lage sind, die negativen Auswirkungen der GVK zu kontrollieren.

Es ist ein weiterer Fundamentalbaustein zur Persönlichkeitsentwicklung von Menschen.

Zusammenfassung

Die Grundverhaltenskomponenten GVK sind die zentralen und tiefsten Antreiber jedes lebenden Organismus. Als Darwin´sche Selektionskriterien der Naturevolution stecken sie hinter jedem Verbesserungsschritt in der Entwicklung eines Lebewesens. Sie ließen auch Lernfähigkeit, Intelligenz und letztlich auch die Selbstwahrnehmung entstehen.

Allerdings sind sie auch für Despoten, Tyrannen sowie machtbesessene Politiker und Industrielle verantwortlich.

Die heutige Gesellschaft leidet unter der tief liegenden Egozentrik sowohl von Bürgern, Mitbürgern, Politikern und Vorgesetzten, weil die über ihrem Verhalten liegende Moraldecke oft nur ein Deckmäntelchen ist.

Ethisches Grundverhalten

Kaum ein Mensch wird ohne weiteres vermuten, dass die tiefste Grundlage ethischen Verhaltens aus der unbewussten Natur aller Lebewesen abgeleitet werden kann - genauso logisch wie das unbewusste Verhalten ab Physik und Chemie: Das Archaische Grundgesetz.
Ein Kultur- und Religions- unabhängiges ethisches Fundament bietet eine großartige Chance für die Menschheit!

Bis zum heutigen Tag besteht das Repertoire der Maßnahmen gegen egozentrisch- archaischem Verhalten weit überwiegend aus archaischen Sanktionen: Strafen.

Als Maßnahmen, die sich nur gegen die Eindämmung von Symptomen richten, haben sie keinen wirklich *nachhaltigen* Effekt.

Strafen und Strafandrohung führen meist nur zu erhöhter Umsicht, sich künftig nicht mehr erwischen zu lassen. Fühlt sich einer unbeobachtet oder hat er eine unbemerkte Möglichkeit, dann kann er recht schnell rückfällig werden. Korruption, Gewaltanwendung, Herrschsucht, Angeberei treten dann wieder hervor.

Davon berichten heutige Tageszeitungen fast täglich: Korruption unter Ministern und Staatssekretären. Auch Ministerpräsidenten sind nicht ausgenommen: Russland, Israel oder Nordkorea. Unterschlagungen und persönliche Bereicherungen von Top- Managern, Kinderpornografie von Bundestags- Abgeordneten, private Freiflüge von Staatsdienern, Geldverschwendung zu Gunsten der Privatwirtschaft, zu Lasten der Steuerzahler.

Und wird ein archaischer Mensch erwischt und bestraft, sinnt er nicht selten erstmal auf Rache. Wer kennt nicht solche alltäglichen Verhaltenssymptome.

Appelle, Einsichten, Gerechtigkeit und Ethik wirken bei unbewussten, archaischen Wesen nicht. Sie verstehen nur archaische Denkmuster. Und die stecken ja auch in Menschen.

Das ist auch der Grund, warum *heutige* Erziehung, Bildung und Kultur nur eine dünne Deckschicht über den GVK darstellen. Zwar entwickelten sich Moral und ethische Wertvorstellungen in den letzten Jahrhunderten durchaus positiv weiter, doch in den jüngeren Dekaden ist davon wieder sehr viel abgebröckelt.

Soziologen und Politiker nennen es gerne den „gesellschaftlichen Wertewandel", ohne scheinbar wirklich zu verstehen, was ihn auslöst und warum er sich wohin entwickelt.

Eigenantrieb und Fremdantrieb

Die Symptombekämpfung gegen archaisches Verhalten setzt dem *Eigenantrieb* der GVK einen *Fremdantrieb* entgegen: Bestrafung durch Andere. Und dazu muss zuerst etwas geschehen sein, damit die Gegenmaßnahme erfunden und eingesetzt werden kann.

Der Eigenantrieb der GVK und ein fehlender Eigenantrieb gegen sie sind der Grund, dass immer zuerst etwas geschehen muss und dass jegliche dann folgende Bestrafung keinen wirklich nachhaltigen Effekt hat.

Ein weiterer Grund für die relative Wirkungslosigkeit von Strafen und Strafandrohungen ist auch, dass der GVK- dominierte Organismus sich gegen Fremdantriebe wehrt: Sie sind Angriffe auf Freiheit und Unabhängigkeit des unbewussten Organismus in uns, der sich ggfs. auch rächt - wie gerade erwähnt.

Wirkliche, rechtschaffene Persönlichkeiten enthalten einen Eigenantrieb gegen die gesellschaftsschädliche Wirkung der GVK. Sie haben Rückgrat und einen ethischen Anspruch an sich selbst und handeln danach, auch wenn sie sich unbeobachtet fühlen und Gelegenheiten zur unlauteren Bereicherungen haben.

> Gerade beobachtete ich einen Freund und einen Bekannten beim Tennisspiel: Während Klaus jeden zweifelhaften Ball zu seinen Ungunsten entschied, als Punkt für seinen Gegner, war das auf der anderen Seite des Spielfelds genau umgekehrt. Auch solche

Bälle, die klare Fehler waren, entschied der Gegner immer zu seinen Gunsten, zum Nachteil von Klaus. Bei Klaus existiert klar ein Eigenantrieb zu Fairness, bei seinem Gegenüber eher nicht.

Das ist Persönlichkeit! Zugegeben, in einem eher weniger wichtigen Zusammenhang. Doch Persönlichkeit, einmal so angelegt, wirkt dann auch in anderen Fällen.

Und solche Persönlichkeiten lassen sich entwickeln.

Der Lernturm muss dazu individuell, von Geburt an, so befüllt werden, dass der ethische Beitrag zur Gesamtgeisteshaltung maximal wird, nahe bei 100 %. Er muss dem archaischen Beitrag mindestens ebenbürtig sein.

Das drückt das Bild aus: Die Gesamtgeisteshaltung besteht aus 100% Ado und einem hinreichenden ethischen Beitrag.

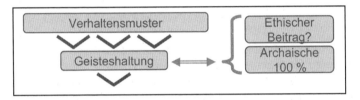

Drei Fragen sind dabei aber zu klären:

- Welche *Inhalte* führen zu 100 % ethischem Beitrag?
- Wie bekommt man sie in den Lernturm?
- Gibt es schädliche Nebeneffekte?

Das Ziel solcher Persönlichkeitsentwicklung ist es aber, und das sei noch mal hervorgehoben, einen stabilen ethischen Eigenantrieb zu installieren, der dem natürlichen, archaischen Eigenantrieb der GVK ebenbürtig widerstehen kann. Mindestens in solchen Fällen, in denen archaische und ethische Reaktionen vergleichbar schnell erzeugt werden.

Die Entwicklung von Ethik mit Hilfe der GVK

Wenn die GVK auch eine gesellschaftsschädliche Wirkung haben, warum formuliert man dann nicht einfach ihr *Gegenteil* als Empfehlung für eine ethisch orientierte Erziehung und Bildung?

Das ginge dann so:

Ein unbewusstes Lebewesen ist mit den GVK prinzipiell auf die *Unterwerfung anderer* Organismen optimiert. So funktioniert die Evolution - durch den entstehenden Wettbewerb.

Das absolute Gegenteil hiervon wäre die *Selbstunterwerfung*.

Allerdings wären Lebewesen nach dem Prinzip der Selbstunterwerfung in der Evolution nicht überlebens- oder replikationsfähig, schon deshalb, weil sie Konkurrenten den Vortritt bei der Fortpflanzung lassen würden. Sie würden daher schnell aussterben. Und der positive Beitrag der GVK zur Evolution wäre bei völliger Negierung dann auch ins Gegenteil gekehrt.

Es wäre also völlig unrealistisch, sich vollständig entgegen der GVK verhalten zu wollen: Wir können unsere Natur nicht verleugnen. Und wem wollte man sich unterwerfen, wenn jeder nach Eigenunterwerfung streben würde? Das glatte Gegenteil der GVK ist also keinesfalls die Lösung.

Es ließe sich aber die ausbalancierte *Mitte* zwischen Selbstunterwerfung und der Unterwerfung Anderer suchen: Eine selbstbewusste Mitte, eine „win- win"[15] Situation. Die Mitte zwischen Egozentrik und Altruismus[16]. Das klingt auch logisch:

Schließlich kann es keine dauerhaft friedliche und fortschrittliche Gesellschaft geben

- Wenn jeder laufend versucht, seine Konkurrenten sich selbst zu unterwerfen oder

- Wenn jeder laufend versucht, sich selbst allen anderen Konkurrenten zu unterwerfen.

---

[15] *win- win: Begriff aus der jüngeren Wirtschaftsentwicklung, bei der in Verhandlungen beide Seiten hinreichend gewinnen.*
[16] *Al·tru'is·mus: Selbstlosigkeit, Uneigennützigkeit*

In beiden Fällen wären immer Schieflagen zwischen Gewinnern und Verlierern, zwischen Erfolgreichen und Erfolglosen gegeben.

Um die *Mitte* zwischen den beiden Extremen zu finden, müssten die GVK nur *hinreichend invertiert* werden, nicht völlig negiert, eben bis zu einem ausbalancierten Punkt.

Das Bild zeigt, wie das gemeint ist:

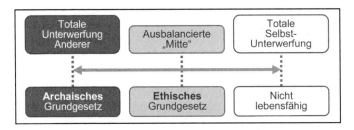

Die beiden linken Kästen, dunkelgrau, kennzeichnen ein unbewusstes Lebewesen nach dem Archaischen Grundgesetz: Seine Geisteshaltung strebt die totale Unterwerfung anderer Lebewesen an: Macht euch die Erde untertan!

Ganz rechts, die weißen Kästen, ist ein Lebewesen mit einer Geisteshaltung der totalen Selbstunterwerfung unter andere Wesen dargestellt. Es ist sofort klar, dass es solch ein Lebewesen nicht geben kann: Es würde sofort aussterben.

Zwischen diesen beiden Grenzwerten liegt die ausbalancierte Mitte. Etwa da, wo die eigene Egozentrik gerade nicht mehr zu einem unakzeptablen Nachteil Anderer führt: Die Grenzen der eigenen Freiheit und Unabhängigkeit sind die Grenzen der Freiheit und Unabhängigkeit Anderer.

Dafür ist bei gutem Willen genügend Raum vorhanden.

Die Balance zwischen Egozentrik und Altruismus kann auch das folgende Bild gut ausdrücken:

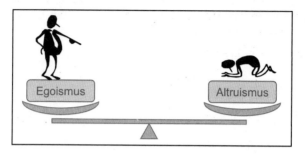

Mit diesem Ansatz, ein Ethisches Grundgesetz EG aus dem Archaischen AG abzuleiten, ist der Rest noch Formulierungskunst:

In der umseitigen Tabelle wurde das Ethische Grundgesetz, rechte Spalte, dem Archaischen Grundgesetz, linke Spalte, zeilenweise gegenübergestellt:

Archaisches Grundgesetz	*Ethisches Grundgesetz*

Dabei wurden die Artikel des Grundgesetzes wieder im Anweisungsstil formuliert, wie schon beim AG, dem Archaischen Grundgesetz.

Ethische Geisteshaltung

Grundgesetz ethisch- bewussten Verhaltens EG

Archaisches Grundgesetz	Ethisches Grundgesetz
Du bist für dich das Wichtigste! Sei egoistisch, nimm' dir alle Vorteile, egal zu wessen Lasten,	*Du bist für dich zwar das Wichtigste, aber nur bis zum gleichen Recht Anderer, sei gesellschaftlich orientiert und hilf den anderen zu deren Vorteil, die dir dann auch zu deinem Vorteil helfen,*
Erobere Reviere, verteidige eigene, eigne dir an,	*Achte die Lebensräume der anderen und trage dazu bei, dass primitive Reviereroberung vergessen wird,*
Physische Stärke und Dominanz strebe an, sie geben dir Privilegien,	*Strebe mentale, sportliche Stärke und Überzeugungskraft an, dominiere andere nicht, Macht dient nicht persönlichen Zwecken, sondern nur zum Vorteil der Gesellschaft, nicht zu Lasten einer anderen,*
Auch mit Gewalt und ohne Rücksicht,	*Gewalt, physisch wie psychisch, ist archaisch primitiv, kein Mittel unter Menschen. Rücksicht ist die Grundlage für Verständnis und Frieden,*
Lass' deine Freiheit und Unabhängigkeit von niemandem und nichts einschränken,	*Deine Freiheit und Unabhängigkeit hat ihre Grenzen bei der Freiheit und Unabhängigkeit anderer,*
Absolute Sicherheit strebe an, tue alles dafür, „unsicheres" Neuland vermeide, suche „sichere" Nischen auf,	*Aber bedrohe nicht das Sicherheitsbestreben Anderer.*
Vorsicht, Misstrauen, Skepsis vermeiden Risiken, vertraue nur dir,	*Gewähre Vertrauensvorschuss, so oft wie möglich. Setze Enttäuschungen nur in Vorsicht, nicht in Misstrauen um, vertraue in künftige Verbesserungen durch unbeirrtes Vorleben*

Ethische Geisteshaltung

Vermeide unsicheres Neuland, suche sichere Nischen auf,	*Sei neugierig und erforsche neue Felder in allen Richtungen, mit einschätzbarem Risiko und Rückfall-Positionen, sei nur dann konservativ-bewahrend, wenn es bewusst und wohlbegründet ist,*
Verhalte dich unsymmetrisch (unfair) und egoistisch,	*Sei gegenüber jedem fair und gerecht, erkaufe deinen Vorteil auf der Basis von fairem Wettkampf, aber nicht in unfairer Weise auf dem Rücken Anderer,*
Nimm´ anderen Dinge weg, zum eigenen Vorteil, zu Lasten Dritter,	*Achte Besitz und Eigentum Dritter, genau so, wie dein Eigentum geachtet werden soll,*
Nutze das andere Geschlecht für dich,	*Mach´ dich für das andere Geschlecht durch Intelligenz, Einfühlsamkeit, Rücksichtnahme und ethische Werte interessant, attraktiv und liebenswert und wende nie Gewalt an,*
Nutze Resonanz zwischen den Geschlechtern zum eigenen Vorteil,	*Diene dem Vorteil deines Partners, unterscheide zwischen sexuellem Trieb und Liebe, der schönsten Beziehung zwischen Partnern: Eine Kombination aus Ur- Antrieb und Vertrauen,*
Reagiere opportunistisch – pragmatisch, (hier und jetzt),	*Handle pragmatisch, aber immer auf dem Fundament einer Theorie des Handelns, sei integer und behalte Rückgrat, auch wenn sich ausnutzbare Gelegenheiten ergeben,*
Deine Entscheidungen sind immer richtig,	*Deine Meinungen und Entscheidungen können falsch sein, erlaube eigene Zweifel und biete das Hinterfragen an,*

Ethische Geisteshaltung

Halte Rangordnungen ein, so lang sie dir einen Vorteil bringen,	*Sei loyal in funktionalen Hierarchien zur Organisation des Zusammenlebens großer Gesellschaften. Aber sei auch kritisch und offen gegenüber hierarchischer Herrschaft,*
Handle nach „der Zweck rechtfertigt die Mittel",	*Beuge ethisches Handeln auch in schwierigen Fällen nicht, Fairness und Gerechtigkeit gegenüber allen hängen nicht vom Zweck ab,*
Vermeide Veränderungen, auch im Denken,	*Sei aufgeschlossen für innovative Ideen und Beziehungen. Evolution heißt Veränderung und Lernen, hinterfrage Traditionen und gewohntes Denken, weil wir bauartbedingt Verharrer sind.*

Die zwischen Egozentrik und Altruismus ausbalancierte selbstbewusste Mitte, die einer Art Invertierung der GVK, nicht aber ihre vollständige Negation darstellt, kann als *Ethische Verfassung* auf sehr tiefer Grundlage angesehen werden.

Sie kann als *absolutes* Fundament verstanden werden, weil sie aus den GVK und jene aus der Naturevolution auf der Basis unbestrittener naturwissenschaftlicher Erkenntnisse und Zusammenhänge abgeleitet ist. Subjektivität oder westliche Kulturelemente dürften kaum zu finden sein. An jedem Ort des Kosmos ließe sich mit diesem Prozess das gleiche Ergebnis finden, ohne dass man dazu auch nur einen Menschen kennen muss.

Das Ethische Grundgesetz EG hängt somit auch nicht mit Religionen zusammen: Es ist *überreligiös*. Das erlaubt grundsätzlich Akzeptanz in allen Konfessionen, sofern die Kommunikation darüber an die jeweilige Kultur angepasst wird.

Für aktuelle Religionen stellt das hier vorgestellte Verständnis sogar ein neues, stark geändertes Verständnis dar – wie im speziellen Band „GOTT: mitschuldig?" nachzulesen ist.

Die ethischen Grundregeln können auf das gesamte gesellschaftliche Leben angewendet werden:

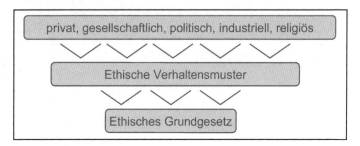

Privat, zwischen Partnern und in der Familie, in Gemeinden und politischen Systemen, zwischen Staaten und in der Industrie genau wie auch in religiösen Organisationen.

Die täglichen, ethischen Verhaltensmuster entstehen aus dem EG eigentlich nur durch die Anpassung der *Sprechweisen* an die Alltagsbereiche, in ähnlicher Weise, wie die GVK in Verhaltensmuster realer Organismen in Nischen übersetzt sind. Ggfs. können sie dabei, wenn nötig, aufgefächert werden: Es sind sinngemäße Anpassungen an Spezifika.

Auf die „Sprechweise" ab Säuglingsalter kommen wir zurück.

Wer sich im Alltag, privat, beruflich oder gesellschaftlich nach dem EG verhält, verfügt über die positiven Antriebe der GVK, dem archaischen Eigenantrieb aller Lebewesen. Er verfügt auch über einen ethischen Eigenantrieb, der den archaischen dort freiwillig begrenzt, wo gleiche Rechte Dritter eingeschränkt würden.

Solche Menschen können mit Recht als rechtschaffene, integere Persönlichkeiten bezeichnet werden. Ihr ethischer Eigenantrieb lässt sie in nahezu allen Situationen ihr Rückgrat behalten.

Wie Ethische Regeln in den Lernturm kommen

Das Verhaltens- und Lernmodell zeigt ja deutlich, dass der Eingang in den Lernturm nur über die Wahrnehmungshürde erfolgen kann. Dazu muss die wahrnehmbare Kommunikation möglichst immer in *guter Resonanz* zu *bestehenden* Lernturminhalten erfolgen. Dann kann sie ins Gehirn gelangen.

> Nur über intellektuell wahrgenommene Kommunikation können Inhalte in den Lernturm gelangen.

Natürlich ist hier *ganzheitliche* Kommunikation gemeint, insbesondere das Vorleben, das Menschen, insbesondere aber Kinder mit fast allen ihrer Sinne wahrnehmen können.

Unter ganzheitlicher Kommunikation ist zu verstehen, dass Botschaften über möglichst alle verfüg- und denkbaren Kommunikationskanäle gesendet und über möglichst viele Eindrücke möglichst vieler Wahrnehmungsorgane des Empfängers empfangen werden.

Je mehr über solche Themen gesprochen wird, je mehr die Medien darauf eingehen, je mehr auch in Filmen und Unterhaltungsshows darüber gesprochen wird, umso mehr Resonanz wird erzeugt.

Nie wieder wird das Speichern ethischer Inhalte leichter möglich sein, als bei Kindern: Ihr Lernturm ist leer, alles ist neu. Ihre Bezugspersonen sind fast immer da und sorgen für Sicherheit und Zufriedenheit. Abgucken und Nachmachen fällt in solcher Umgebung leicht.

Ethische Kommunikation muss *authentisch* sein: Vorspielen wird von Kindern ganz leicht erkannt, aber auch meist von Erwachsenen.

Mit dem EG liegt jetzt auch ein detailliertes Verständnis für die uneingeschränkte Liebe zum eigenen Kind vor, wie es Erziehungsberater häufig empfehlen: Nahezu uneingeschränkte Selbstlosigkeit gegenüber dem Kind. Aber nur nahezu: Der Grad der Selbstlosigkeit ist vom Lebensalter des Kindes abhängig: Er erreicht wieder ausgeglichene Werte, wenn das Kind erwachsen ist.

Und es soll nicht pathetisch klingen: Das EG beschreibt nichts anderes als die Aussage Jesu: *Liebe Deinen Nächsten wie dich selbst.* Vor 2000 Jahren als genial einfache, empirisch gefundene Formel, hier abgeleitet aus der unbewussten Evolution mit Hilfe eines logischen, gesellschaftsorientierten Prozesses.

Jetzt haben wir das notwendige Verständnis und alle Werkzeuge zusammengetragen, die für die praktische Anwendung unserer Theorie im täglichen Leben erforderlich sind.

Zusammenfassung

Mit Hilfe des Archaischen Grundgesetzes, dessen Artikel die GVK sind, lässt sich ein Ethisches Grundgesetzt formulieren, das ein Gleichgewicht zwischen Egozentrik und Altruismus darstellt.

Für Menschen endet die eigene Freiheit und Unabhängigkeit dort, wo die gleiche Freiheit und Unabhängigkeit Dritter dazu eingeschränkt werden müsste.

Ableitung und Argumentationskette sind kultur- und religionsunabhängig, weil sie mit dem Archaischen Grundgesetz auf einem naturwissenschaftlichen Fußpunkt aufbauen. Damit sollte einer weltweiten Akzeptanz kaum etwas im Wege stehen.

Wie das Ethische Grundgesetz verbreitet und in die Köpfe gelangen kann, beschreibt das Verhaltensmodell: Kommunikation über alle Wege und Pfade, über möglichst viele Wahrnehmungsorgane.

Ethische Geisteshaltung

Das wichtigste Merkmal von Persönlichkeit ist eine positive Grundhaltung, die Denken und Handeln in allen Lebenssituationen gesellschaftsfreundlich bestimmt.

Geisteshaltung und Sozialkompetenz,

Die archaische Geisteshaltung unbewusster Lebewesen, gleich ob sie individuell lernfähig sind oder nicht, wurde nach der Auflistung der GVK mit genau diesen Grundverhaltenskomponenten beschrieben.

Dabei ist der tiefste Ausgangspunkt gesellschaftsschädlichen Verhaltens, der Fundamentalbaustein also, die genetisch programmierte Egozentrik aller Organismen. Von hier gehen Gleichgültigkeit und Rücksichtslosigkeit, eigener Vorteil und Privilegien zu Lasten anderer aus, auch unter Anwendung von Gewalt.

Natürlich sind das Begriffe, mit denen die unbewusste Natur ganz und gar nicht umgeht: Dort ist das alles völlig normal.

Wenn in der Welt unbewusster Wesen Sozialverhalten erkennbar ist, dann ist das nur deshalb entstanden, weil es den Individuen weitere Vorteile lieferte, praktisch immer im Zusammenhang mit der Nachwuchspflege, die bei zunehmend höher entwickelten Tieren zunehmend länger andauert.

Das klingt nicht nur logisch.

Wenn individuelle Lernfähigkeit für Lebewesen einen Vorteil darstellt, dann erst, wenn solche Lernfähigkeit tatsächlich zur Abspeicherung von Lerninhalten geführt hat.

Also muss gelernt werden: Im Schutz von erwachsenen Lebewesen durch Spielen, durch Abgucken und Nachmachen. Das dauert. Und zwar umso länger, je komplexer der Lernapparat ist. Und umso länger, je länger es dauert, bis auch der Körper sich bis zur Geschlechtsreife entwickelt hat.

Bei erwachsenen Lebewesen entwickelte sich deshalb auch die hormonale Steuerung so, dass sie während der Nachwuchspflege selbstloser mit Blick auf ihre Nachkommen handeln, die „soziale" Bindung zum Nachwuchs steigt. *Phenylethylamin* (PEA) und wahrscheinlich auch *Oxytoxin* zählen zu den Stoffen, die das im Körper von Menschen bewerkstelligen.

Wenn bei so gesteuerten Lebewesen das Bewusstsein hinzukommt, erkennt man sich zunehmend lebenslang: Man erinnert sich lebenslang an seine engsten Verwandten: In Richtung Kinder länger, in Richtung der Eltern vielleicht etwas weniger intensiv. Das sind die Startpunkte für soziales Verhalten hoch entwickelter Lebewesen, die Bewusstsein hinzugewinnen.

Sieht man für einen Moment von der Nachwuchspflege ab, dann steckt in uns, wie in allen Lebewesen, in unserer untersten Schicht die *reine* GVK - Geisteshaltung, die eines rücksichtslosen Egozentrikers, wie vorne bereits erläutert.

Lassen Sie mich den noch mal etwas milder charakterisieren:

> Ich bin mir das Wichtigste! Alles was mir nützt, auch wie ich zu Privilegien komme, versuche ich. Unter Anwendung von Gewalt - wenn nötig. Ich muss immer stark erscheinen, weil die anderen meine Schwäche ausnutzen würden - so wie ich ihre Schwäche zu meinem Vorteil ausnutzen würde.
>
> Ich nehme auf andere keine Rücksicht, sie sind mir egal. So wie ich bin, ist das richtig. Auch was ich im Kopf habe, alle meine Erfahrungen sind richtig. Ich habe keine Zweifel an mir. Deshalb handle ich auch immer richtig - da kann mir keiner kommen. Deshalb brauche ich mich auch nicht zu ändern. Und warum soll ich mich ändern? Warum Risiken eingehen? Gegenüber allem, was anders erscheint, als ich selbst, bin ich daher sehr misstrauisch: Es kann nicht gut für mich sein.

Wenn heutige Menschen meist nicht in dieser archaischen Extremform erscheinen, liegt das an den gelernten Inhalten der höheren Lernschichten. Sie enthalten Zivilisations- und Kulturelemente, ethische und gesellschaftsorientierte Werte, die sich aus Erfahrungen

unserer Ahnengenerationen entwickelten. Meist ist das aber nur die Oberfläche in „Schönwetter- Situationen": Unter Freunden.
Am untersten Fundament ändert das aber nichts. Das zeigt sich schnell, wenn es „darauf ankommt".

Spannweite möglicher Geisteshaltungen

Ein paar Seiten weiter vorn, in Verbindung mit diesem Bild, wurde die Frage gestellt, welche Inhalte wohl, und möglichst 100%ig, im Lernturm vorliegen müssen, damit die archaische, tierhafte Geisteshaltung so überdeckt wird, damit eine rechtschaffene Persönlichkeit entsteht.

Mit dem Ethischen Grundgesetz EG existiert ein analytisch abgeleitetes gesellschaftsfreundliches Gerüst, das weder auf der Basis persönlicher Erfahrungen noch unter dem Einfluss einer

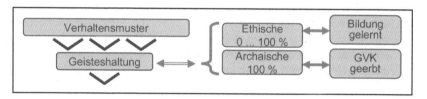

bestimmten Kultur entstanden ist.

Liegt das EG zu 0 % im Lernturm eines Menschen vor, entsteht ein eher rücksichtslosen Egozentriker und Macho, auch wenn er intelligent ist und an der Spitze eines umsatzstarken, hochprofitablen Unternehmens steht.

Solch ein Mensch würde problemlos 6000 Arbeitskräfte aus der Deutschen Bank freisetzen und in die Arbeitslosigkeit entlassen, damit die Gewinne steigen und die share holder glücklicher sind.

Er würde auch skrupellos Kinder und Jugendliche in Diamantbergwerken gegen einen Hungerlohn schuften lassen, auch wenn sie nach ein paar Jahren dadurch lungenkrank werden.

Liegt das EG zu nahe 100 % im Lernturm vor, so handelt es sich um einen selbstbewussten, rücksichtsvollen und fairen, gesellschaftlich orientierten Menschen: Eine wirkliche Persönlichkeit.

Solch ein Unternehmensführer würde natürlich ebenfalls nach Wachstum und Gewinnen trachten, weder aber zu Lasten seiner Mitarbeiter noch zu Lasten seiner Kunden. Er würde gemeinsame Ziele vereinbaren und jeden zusätzlichen Gewinn ausgewogen seinen Mitarbeitern und den share holdern zukommen lassen.
Es ist richtig, dass jene dadurch einen geringeren Profit haben. Liegt das EG indes auch in den share holdern zu näherungsweise 100 % vor, ist das natürlich kein Problem.
Machen wir uns aber darüber keine Illusionen:

- Die archaisch- unbewusste Geisteshaltung nach den GVK, ist auf jeden Fall in unserem Lerntürchen vorhanden, ganz ohne unser Dazutun, ob wir wollen oder nicht. Sie kann durch Intelligenz sogar ganz erheblich verstärkt werden: Das ist ja auch der Grund, warum die Intelligenz im Laufe der Evolution zugenommen hat - bis zur Selbstwahrnehmung.

- Die ethisch - bewusste Geisteshaltung nach dem EG, im Bereich von 0 bis 100%, muss von jeder Generation, von jedem Individuum *einzeln* neu gelernt werden: Von der vorhergehenden Generation. Und die GVK wehren sich dagegen! Das deutet an, dass dazu Aufwand gehört: Bewusste Erziehung ab Geburt und ein sehr viel weiter entwickeltes Bildungssystem.

Archaisch dominant und ethisch bewusst

Zur plakativen Beschreibung der archaischen Geisteshaltung nach dem AG wird im Folgenden das Akronym *Ado* (**a**rchaisch **do**minant) benutzt und zur Kennzeichnung einer **e**thisch **be**wussten Geisteshaltung nach dem EG das Kürzel *Ebe*.

Ethische Geisteshaltung

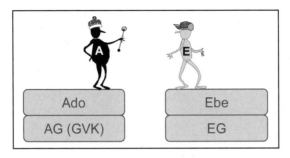

Ado[17] und Ebe sind wie zwei Kerlchen in jedem Menschen. Der archaisch dominante Ado personifiziert eine Geisteshaltung, die vorne durch einen rücksichtslosen, besser wissenden Egoist charakterisiert ist. Weil er Herrscher sein will, Diktator und notfalls auch Tyrann, wird er durch einen König mit Zepter symbolisiert.

Demgegenüber ist Ebe rücksichtsvoll, fair, ehrlich und vertrauensvoll, die Personifizierung des EG. Er ist sachlich orientiert und strebt Privilegien und Vorteile dann nicht an, wenn sie zu Lasten anderer entstehen. Ebe trägt als äußeres Kennzeichen eine Baseballmütze statt einer Krone.

Ado und Ebe begleiten uns ab hier häufiger, um die beiden Kräfte im Menschen leichter ansprechen zu können.

Es ist ganz wichtig zu verstehen, wie die beiden Kerlchen zu einer einzigen Geisteshaltung beitragen.

Ado existiert ab Geburt und grundsätzlich. Er kann durch Einbau von Raffinesse in seinen Lernturm erheblich gestärkt werden: Geist und Intelligenz in Ados Diensten.

Ebe entsteht erst durch Lernen in der Prägezeit, dann weiter in der Kinderzeit und abnehmend in der Jugend- und Erwachsenenzeit, sofern Ebe anfangs überhaupt vermittelt wird.

---

[17] Ado: der archaisch dominante Kerl, der nur nach seinen GVK handelt
Ebe: der ethisch bewusste Kerl, der nach ethisch bewussten Lerninhalten handelt

Im Bild sind 3 Gesamt- Geisteshaltungen durch Kreisflächen dargestellt, in denen ein jeweils gleich bleibend starker Ado mit unterschiedlich starken Ebe kombiniert ist.

In der Geisteshaltung ganz rechts kontrolliert Ebe seinen Ado, zu-

mindest temporär im Normalfall. Ganz links ist es umgekehrt.

In aller Regel liegt nach der Kinder- oder frühen Jugendzeit eine Geisteshaltung lebenslang fest, auch wenn es nicht unmöglich ist, als erwachsener Macho ethisches Verhalten hinreichend lernen zu können.

Die Sozialkompetenz eines Säuglings

Zum Geburtszeitpunkt ist der individuelle Lernturm eines Säuglings praktisch leer, nur in der artspezifischen, genetischen Schicht wirken die GVK. Sie tragen als Einziges zur Geisteshaltung eines Säuglings bei. Bei Geburt gibt es nur den kleinen Ado.

Entsprechend fordert ein Säugling, was ihm gut tut, völlig egal welche Mühe es macht. Er verhält sich so, als ob die ganze Welt nur für ihn da sei. Krabbelnd erobert er jegliches fremde Revier, schreit, wenn etwas nicht klappt und umso lauter, je länger die Mutter braucht, ihm zu helfen. Wer einen Säugling ganz nüchtern mit dem Verständnis dieses Buchs betrachtet, erkennt die GVK in Reinform - auch wenn das angesichts eines Wonneproppens schwer fällt.

Eltern vermitteln intuitiv ab der untersten, lernfähigen Schicht, was der Säugling braucht: Sicherheit, Sicherheit, Sicherheit!

Ethische Geisteshaltung

Sicherheit, Nahrung zu bekommen, Sicherheit bequem und schmerzfrei versorgt zu werden, Sicherheit gegenüber allen möglichen Bedrohungen. Für den eben geborenen, völlig hilflosen Menschen ist das die mit Abstand wichtigste GVK. In dieser Lernphase entsteht im Kind auch die Fähigkeit zu Vertrauen und Verlässlichkeit - oder auch nicht. Dankbarkeit, aus Fairnessgründen, kennt der GVK dominierte, egozentrische Säugling oder das Kleinkind nicht.

Wenn ein Säugling mit nahezu leerem Türmchen jeden Tag, jede Stunde praktisch nur ethisches Verhalten unbewusst wahrnehmen kann, dann kann er praktisch nur das unbewusst lernen - weil er so gut wie nichts anderes wahrnimmt.

Deshalb ist es auch richtig, wenn manche Elternberater den Eltern einfach Liebe empfehlen, Liebe zu ihrem Kind - *unbedingt*.

Es ist im wörtlichen Sinn eine *einmalige* Chance, die *nie wieder* kommt, das leere Türmchen zu füllen. Später im Leben sind Verhaltensänderungen nur noch durch zusätzlich Gelerntes möglich - und dadurch sehr viel schwieriger.

Dann handelt es sich um Therapie.

Ab Geburt, über viele Monate und Jahre, wird der Lernturm zunehmend und weiter von unten nach oben aufgebaut und gefüllt. Es beginnt die für Eltern schwierigere Phase der Balance zwischen der Entfaltung und Förderung der GVK einerseits und ihrer Beherrschung und Unterdrückung andererseits: Es ist einerseits die Resonanz mit Ado und andererseits das Anlegen und Aufpäppeln eines Ebe, der eines Tages den Erwachsenen dominieren muss, soll eine wirkliche Persönlichkeit entstehen.

Bedenken Sie auch, dass eine Selbstwahrnehmung, das Bewusstsein eines Kindes in der Regel erst nach 8 - 10 Monaten beginnt. Davor lernt es wie ein Lämmchen völlig unbewusst, was es von seinen Vorbildern wahrnimmt: Verhalten aus Umgebung, Geräuschen, Gerüchen, Gesichtern, Stimmen, körperlichen Kontakten.

In aller Regel lernt heute ein Säugling aus einem unbewussten, intuitiv vermittelten Mix aus Moral und archaischen Antrieben von seinen Eltern.

Wer aus einem Säugling eine selbstbewusste Persönlichkeit mit hoher Sozialkompetenz formen will, sollte sich über die Balance zwischen Förderung und Unterdrückung der GVK ganz besonders im Klaren sein. Das berührt auch die häufigen Fragen nach autoritärem und antiautoritärem Erziehungsstil. Bewusstheit über solche Zusammenhänge erlaubt den Eltern viel besser, ihre Kinder zu ethisch orientierten, sozialkompetenten Bürgern zu entwickeln.

Im hinteren Teil dieses Buchs werden zu dem bisher erarbeiteten Verständnis dessen Bedeutung für das Lernen behandelt. Im Kapitel über Verhaltensmuster finden Sie Empfehlungen für die Erziehung ab Geburt. Zunächst weiter mit Grundverständnis.

Die Lernfähigkeit Erwachsener für Sozialkompetenz

Es ist ein wenig wie mit einem Auto: Hat man es erstmal konfiguriert und gekauft, liegen Motorleistung, Getriebe und Karosserieform fest: Nur mit hohem Aufwand sind gewisse Änderungen nachträglich möglich, am fundamentalen Fahrverhalten und am Komfort ändert das oft nur wenig.

Es ist nicht unmöglich, einen Erwachsenen nachträglich zu einer ethischen Geisteshaltung zu bewegen, doch hängt es von der Ado-Stärke in ihm ab, ob und wie gut das gelingt.

Getreu dem Verhaltens-, Lern- und Kommunikationsmodell, umseitig noch mal abgedruckt, muss seine Wahrnehmung mit geeigneten Inhalten gefüttert werden, häufig, vielfältig und intelligent an ihn angepasst. Seine Wahrnehmungshürde muss überwunden werden, die von den aktuellen Inhalten des Lernturms auf hohe Ado- Werte eingestellt sein kann. Es müssen ethische Botschaften ins Hirn.

Ethische Geisteshaltung

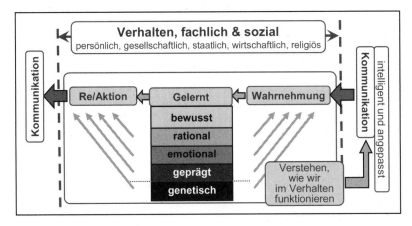

Liegt im Erwachsenen ein stark entwickelter, auch noch intelligenter Ado vor, so wird er Botschaften, die ihn von außen, ohne Eigenantrieb, ändern sollen schnell entdecken und entlarven: Er wird sich gegen seine Veränderung auflehnen, wehren und notfalls auch Gewalt dagegen anwenden.

Aus seiner eigenen Sicht, mit seiner Ado- Geisteshaltung, die er selbst gar nicht bewusst wahrnimmt, will ein Dritter ihn ja manipulieren, verändern, modifizieren: Aus tiefster eigener Überzeugung muss er sich dagegen wenden.

Auch ein unterdrückter Ado lässt sich nicht leicht ändern: Hat er doch Vorbehalte und Angst vor Veränderung, die jemand von außen mit ihm anstellen will. Ohne ein tiefes Verständnis, wie wir im Verhalten funktionieren, wird eine derart angepasste und intelligente Kommunikation kaum möglich sein.

Nur mit angepasster Ado- Wellenlänge findet man überhaupt Eingang in Ados Ohr. Er muss sich selbst als *Rangschwächerer* fühlen, um dem *Rangstärkeren* zuhören zu können, zu wollen.

In aller Regel haben auch Ado- Erwachsene *Leitbilder*. Personen, die sie hoch einschätzen, deren Meinung sie hören und dann auch übernehmen. Das sind solche *Rangstärkeren*. Kommunizieren solche Meinungsbildner und Multiplikatoren ethische Haltungen, vielleicht sogar mehrheitlich, hat man schon fast gewonnen.

Ethische Geisteshaltung

Geeignete Personen sind beispielsweise prominente Hochleistungssportler, supercoole Rockstars, erfolgreiche Unternehmer, die Ferraris fahren oder Monarchen. Mit ihrer Hilfe können Botschaften in den Lernturm transportiert werden, die den winzigen Ebe im Ado-Erwachsenen zur Entwicklung verhelfen.

Meist ist hohes und höchstes psychologisches Geschick erforderlich, die eigene Kommunikation so zu gestalten, dass der Ado im Erwachsenen nicht merkt, dass sein Widersacher Ebe aufgepäppelt werden soll: Die notwendige Resonanz mit Ado erfordert eine laufende eigene Anpassung des Coachs, um behutsam und in kleinen Schritten Ebe Botschaften installieren zu können.

Wohlgemerkt: hier ist ganzheitliche Kommunikation über alle denkbaren Kanäle gemeint. Auch konsequente Sanktionen, nicht Strafen, können als Kommunikationsmittel notwendig sein.

Und man muss sich darüber im Klaren sein, dass während der Prägezeit Gelerntes auch so tief verankert sein kann, dass Ado einfach zu stark ist, um nachträglich einen Ebe zu entwickeln.

Aber immerhin konnte ein Saulus zum Paulus gewandelt werden, sagt die Bibel. Leider sind Wunder und Jesus- Autoritäten selten geworden.

Wenn eine breite Medienlandschaft, Magazine, Rundfunk, Fernsehen mehrheitlich ethische Inhalte mit Hilfe von Filmen, Magazinen, Rundfunk und Fernsehen beitragen würde, wenn öffentlich Verantwortliche und Prominente solche Inhalte in den Mund nähmen, gar vorleben würden, dann wäre das eine ganz mächtige Kommunikation für ewig Gestrige.

Auf solchem Boden wäre fast alles möglich.

Leider ziehen heutige Medien, Politiker und Top Manager durch ihre archaische Gewinn- und Vorteilsorientierung in ihrer Kommunikation unbewusst oder bewusst eher in die falsche Richtung.

Helfen Sie doch mit, dass wenigstens in der nächsten Generation wirklich integere Persönlichkeiten an die Schaltstellen von Staat, Gesellschaft, Wirtschaft und insbesondere der Medien gelangen.

Ich möchte noch mal betonen, dass eine Änderung Erwachsener hin zu einem Verhalten nach dem EG auch *unmöglich* sein kann. Ein *intelligenter* Ado, also ein Mensch, dessen Lernturm im Dienst seiner archaischen Antriebe steht, wird jeden Versuch, ihn verändern zu wollen, erkennen. Und umso mehr, je mehr er sich in einer dominanten oder Machtrolle fühlt.

Er wird sich in der Regel aktiv dagegen wehren und jeder vernünftigen Argumentation durch Ebe entziehen. „Dräng´ mich nicht in die Ecke" wird er Ihnen entgegen werfen und Sie als Querulanten und Besserwisser abtun.

Hat das EG schädliche Nebeneffekte?

Das EG klingt so stark ethisch, dass manche *heutige* Menschen vielleicht sofort an unrealistisch- paradiesische Verhältnisse denken mögen. Tatsächlich ließen sich die Menschenrechte der Charta der Vereinten Nationen oder das Christentum, wie auch andere Religionen davon ableiten: Frieden für immer!

Aber macht das Leben dann noch Spaß? Darf man keine anderen Menschen mehr ärgern, provozieren, beschwindeln, darf man keine Geschäfte mehr schmieren und niemanden über´s Ohr hauen? Nichts mehr wegnehmen? Gerade das Geschäftsleben lebt doch von den gewinnbringenden Antrieben der GVK. Muss es dazu denn nicht auch Verlierer geben, die man zum eigenen Vorteil über den Tisch ziehen darf?

Ein schädlicher Nebeneffekt des EG entsteht vor allem für den starken Egozentriker, weil er seinen Vorteil nicht mehr auf dem Rücken Schwächerer richtig dick gewinnen kann. Ausbeutung wird durch das EG verpönt. Der Ausbeuter hat einen Nachteil.

Für die Mehrheit der Gesellschaft und jedes andere Individuum entstehen aber nur Vorteile: Mehr Motivation, bessere Zusammenarbeit, Spaß und Freude - während weniger geschaffene Werte zerstört werden.

Auch ist die Frage zu bewerten, ob durch ein Verhalten nach dem EG eine Schwächung des Antriebs zum Fortschritt entsteht. Ob Forscherdrang, Neugier, Verbesserungswille, Differenzierung gegenüber Wettbewerbern und Wille zu Wachstum gebremst werden könnten.

Es ist nicht davon auszugehen.

Das EG erlaubt jeden sportlichen Reiz, besser sein zu wollen als Wettbewerber, wie beim Marathon oder beim Kugelstoßen. Es bewirkt sogar, dass sich alle Mitarbeiter eines Unternehmens „mitgenommen" fühlen. Sie werden nicht mehr von *Vorgesetzten* dominiert, sondern von *Führungskräften* ernst genommen.

Das EG bewirkt *Kundenorientierung* im Wirtschaftsleben und verhindert Ausbeutung und Raubbau. Wendet man es auf Natur und Umwelt an, mit allen anderen Lebewesen darin, so führt es zu Achtung und Fairness gegenüber schwächeren Lebewesen.

Das EG ist schlicht ein bewusster und ethisch orientierter Umgang mit anderen Lebewesen, Tiere wie Menschen, die alle gleichermaßen das *Lebensrecht* auf der Erde haben. Wer danach lebt, ist mit Recht eine wirkliche, integere Persönlichkeit.

Zusammenfassung

Sozialkompetenz und Geisteshaltung eines Menschen hängen vom Grad des ethischen Überbaus über der genetischen Schicht im Lernturm ab.

Alle Charaktere und Mentalitäten entstehen als Mix aus genetisch verankerten GVK und individuell gelerntem Sozialverhalten.

Zur Vereinfachung der Sprechweise wird die archaisch dominante Haltung nach diesen GVK mit dem Kerlchen Ado personifiziert, unserem inneren Schweinehund. Ebe, das ethisch bewusste Kerlchen, ist dann die Personifizierung einer Geisteshaltung nach dem Ethischen Grundgesetz.

Ist Ado erstmal erstarkt und Ebe nur schwach oder gar nicht entwickelt, kann es sehr schwer oder unmöglich werden, eine ethische Geisteshaltung in einem Erwachsenen zu entfalten.

Gehirn: Speicher und Rechner

Das evolutionär entstandene menschliche Gehirn enthält Mechanismen, die der Optimierung der Replikationsbilanz unbewusster Organismen und Tiere dienten. Es vereinfacht die Persönlichkeitsentwicklung, diese Mechanismen zu kennen und mit ihnen umgehen zu können.

Zusätzliche Einblicke in die Verhaltensmechanismen von Menschen lassen sich gewinnen, wenn auch das reale Steuerungsorgan und seine Mechanismen betrachtet werden: Unser Gehirn.

Die folgenden Seiten sollen das vermittelte Bild über Verhalten und Lernen lediglich abrunden und dabei keineswegs mit Literatur über Neurologie konkurrieren.

Anatomische Schichten des Lernturms

Der Lernturm repräsentiert ja das Gehirn eines Lebewesens.

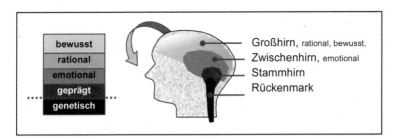

Hier wurden die Schichten des Lernturms und ihre Charakterisierungen so gewählt, dass sie mit der Lebenspraxis, den Lernphasen eines Menschen einerseits und mit der Anatomie des Gehirns andererseits weitgehend in Übereinstimmung zu bringen sind.

Natürlich ist eine gewisse Abstraktion erforderlich: Die biologische Natur entwickelte sich halt nicht mit exakten Abgrenzungen.

In den *Genen der Chromosomen* ist ja nicht nur das Äußere des Lebewesens verankert, sondern auch die GVK und die Verhaltensmuster.

Durch diese Gene entstehen während der Entwicklung des Embryos festgelegte, fest verdrahtete Neuronen - Synapsen- *Strukturen* im Gehirn, die Informationen und Mechanismen zur Steuerung des Organismus *repräsentieren*. Etwa so, wie sich auch Niere, Leber, Herz oder Augen samt ihres Verhaltens entwickeln. Die neuronalen Strukturen repräsentieren das genetisch programmierte Verhalten des Gesamtorganismus als unterste Schicht des Lernturms, unter der Geburtslinie: GVK und Verhaltensmuster. Ab Zeugung ist daran nichts mehr änderbar.

Solche Informationen und Steuermechanismen lassen einen Säugling nach der Brustwarze suchen und sofort daran genüsslich saugen oder sie lassen ihn schreien, wenn er eine Unbequemlichkeit registriert. Sie lassen eben geschlüpfte Schildkröten das Meer aufsuchen oder eben geborene Zebras binnen Minuten aufstehen und sich in den Schutz des Muttertiers drängen.

Oberhalb der Geburtslinie liegen die individuell lernfähigen Schichten, die *anatomisch* etwa so beschrieben werden können:

Entwicklungsgeschichtlich sehr alt und im Gehirn eher innen liegend sind *Rückenmark* und insbesondere das *Stammhirn*, auch als Reptilien- oder Sauriergehirn bezeichnet: sie sind sehr stark reflexorientiert aber auch lernfähig, wohl ganz besonders im Prägebereich, in der kritischen Phase mit Beginn unmittelbar ab der Geburt.

Das Rückenmark enthält sehr viele Steuerleitungen, sowie den größten Teil des vegetativen Steuerungssystems. Die Prägeschicht des Lernturms dürfte in erster Linie dem Stammhirn, jedoch nicht ausschließlich, zugeordnet werden.

Das *Zwischenhirn*, mit so markanten Organen wie den beiden Mandelkernen lässt sich wohl am besten als Sitz der Gefühle beschreiben. Es gehört zum limbischen System. Aus Defekten an den Mandelkernen, auch durch deren operatives Entfernen ist bekannt, dass sie etwa die Rolle einer Managementzentrale für Gefühlseindrücke und Bewertungen von Sachinformationen darstellen. Die emotionale

Schicht des Lernturms soll daher in erster Linie mit Zwischenhirn und limbischem System verknüpft werden.

Der Neokortex, das Großhirn ist am ehesten als das frei programmierbare Gehirn zu beschreiben. Er enthält eine immense Zahl von Neuronen und Synapsen, an Speicher- und Kombinationsfähigkeiten, an deren Grenzen bislang noch kein Mensch gestoßen ist. Zwei kleine, kompakte Organe in der rechten und linken Hemisphäre des Gehirns, der Hippocampus, wirken wie Manager für das Speichern und Abrufen von Sachinformation, ähnlich wie es der Mandelkern für Gefühlseindrücke wohl darstellt. Mandelkern und Hippocampus stehen in enger Zusammenarbeit.

Daran wird noch intensiv geforscht.

Bei der Willensbildung kommen wir auf beide zurück.

Das Kleinhirn, eine Art Subsystem zur Steuerung der Feinmotorik, ist hier nicht weiter betrachtet.

Bewusstsein, Selbstwahrnehmung dürfte sich praktisch nur in der Großhirnrinde, im Neokortex abspielen, dem Sitz der erweiterten, intellektuellen Wahrnehmung, wie mit gutem Grund angenommen werden kann.

Die Graustufen im anatomischen Bild und in den Schichten des Lernturms sind identisch gewählt.

Lassen Sie mich betonen, dass die genaue Zuordnung von Lernschichten zur Anatomie des Gehirns hier eigentlich nicht von Bedeutung ist. Verstehen wir die Anatomie des Gehirns in diesen Zusammenhängen einfach als die Hardware eines Computers, die eher von untergeordneter Bedeutung ist, wenn wir die Softwareeigenschaften eines Programms herausfinden wollen.

An dieser Stelle soll auch die chemische Steuerung biologischer Organismen in Erinnerung gerufen werden: Gehirn und chemische Steuerung des Organismus beeinflussen sich gegenseitig! Die intellektuelle Wahrnehmung wie auch die reflexive lösen hormonelle Steuerungen aus und diese wiederum haben massiven Einfluss auf die Leistungen der diversen Gehirnbereiche.

Bedrohliche Wahrnehmungen lösen beispielsweise die Ausschüttung von Adrenalin aus, wodurch andererseits unsere intellektuellen Fähigkeiten weitgehend gelähmt werden können.

Dauer- Angstgefühle, beispielsweise auch ausgelöst durch den Eindruck eigener Schwäche, beeinflussen die chemische Steuerung, die ihrerseits Dauer- Angstgefühle verstärken kann. Solche Zusammenhänge wirken oft verstärkend in der Richtung, in der auch Depressionen entstehen können. Oftmals können sie nur chemisch, durch Antidepressiva bekämpft werden.

Auch der Zusammenhang zwischen Gefühlen und hormonaler Steuerung, insbesondere hinsichtlich ihrer gegenseitigen Auslösung, ihrer Verstärkung oder Gegensteuerung ist Gegenstand intensiver Forschungen.

Neuronen, Synapsen, Botenstoffe

Das menschliche Gehirn besteht aus 20 bis 100 Milliarden solcher Nervenzellen und es ist nicht erkennbar, dass ein Mensch damit an Speichergrenzen stößt. Die gewaltige Menge von Neuronen und Synapsen stellt *simultan* Speicher und Prozessoren unseres Gehirns dar: Ganz anders als bei elektronischen Computern, bei denen Speicher und Prozessoren getrennte Einheiten sind.

Die hohe Verarbeitungsleistung des Gehirns entsteht allerdings aufgrund vieler parallel laufender Prozesse, ebenfalls anders als in elektronischen Computern.

Es muss wohl vermutet werden, dass Neuronen mehrfach Bestandteil unterschiedlicher, informationstragender Strukturen, sein müssen: Die nahezu unbegrenzte Speicherkapazität bei einer limitierten Zahl von Neuronen lässt kaum einen anderen Schluss zu. Und es sollte nicht übersehen werden: Zu jeder Sachinformation muss ein *Nützlichkeitsindex* mit abgespeichert sein, damit der Organismus daraus eine für ihn vorteilhafte Reaktion ableiten kann.

Wahrnehmungen gelangen als Reize über Nervenleitungen und Synapsen zu den Neuronen, wobei ein Wechselspiel zwischen elektrischer und chemischer Weiterleitung (Botenstoffe) stattfindet. Dieses Wechselspiel wirkt auch bei Kurzzeit- und Langzeitspeicherung mit.

Die Arbeits- und Kurzzeitspeicherung arbeitet vor allem mit elektrisch geführten Reizen, Langzeitspeicher eher mit chemischer Reizleitung. Die Nachhaltigkeit der Speicherung von Informationen hängt sehr stark von der Begleitung durch chemische Steuerstoffe, mit Intensitäten und Wiederholungen zusammen. Gut bekannte Steuerstoffe sind beispielsweise Dopamine, die Interesse und Lust steuern (Glückshormone).

Das chemisch gesteuerte Reaktionsverhalten bei Angst, Panik, Stress, Aggression, Spaß, Glück etc. versetzt den gesamten Körper in bestimmte Zustände. Diese Zustände wiederum nimmt unser menschliches Bewusstsein wahr: Wir nennen das Gefühle. Mehr dazu bei der Willensbildung.

Intelligenz und Gehirnvernetzung

Intelligenz ist im Kern die Fähigkeit zur Erkennung von Zusammenhängen.

Diese Fähigkeit erfordert einerseits natürlich eine große Menge abgespeicherter Sachverhalte und andererseits einen möglichst hohen Grad an *Vernetzung zwischen ihnen*. Beides zusammen fördert die Fähigkeit der *Analytik* und *Kombinatorik*:

Das Bild zeigt Gehirnschnitte von Kleinkindern, welche die wachsende neuronale Vernetzung vor allem im ersten Lebensjahr belegen.

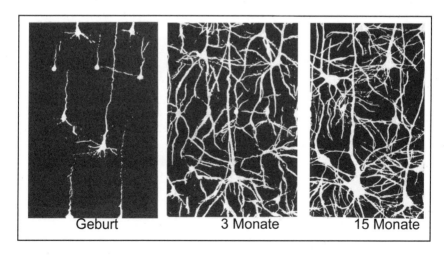

Zwar sind die Schnitte von Frederick Vester etwas umstritten, doch bleibt die grundsätzliche Richtigkeit.

Ganz wesentlich daran ist, dass diese Vernetzung stark von der *Anregung der Wahrnehmungen* der Kinder abhängt. Spiele und Übungen, die aus Wahrnehmungsfragmenten nach richtigen Schlussfolgerungen suchen lassen, können vernetzte Wahrnehmungen stark fördern. Besonders einfach ist auch die simultane Anregung mehrere Wahrnehmungsorgane: Simultan sehen, hören, fühlen, spüren, riechen.

Eltern machen das in der Regel intuitiv ganz gut. Doch lassen sich beim Spielen viele Anregungen noch viel besser in diesem Sinne ausnutzen.

Lässt man Säuglinge und Kleinkinder nur mit einer minimalen Anregung aufwachsen, so verarmen sie geistig: Sie werden ihr ganzes Leben lang nur ein mäßiges Intelligenzniveau erreichen.

Will man Vernetzung bei Menschen, speziell bei Kindern trainieren, sind *vernetzte Wahrnehmungen*, das Wahrnehmen von Ereignissen *im Zusammenhang* erforderlich. Sie führen zur vernetzten Abspeicherung solcher Wahrnehmungen, zu vernetzten Erfahrungen.

Mit solchen Fähigkeiten lassen sich aus wahrgenommenen und gespeicherten *Fragmenten Zusammenhänge* und *Schlussfolgerungen*, letztlich bessere *Lösungen* finden - ohne sie direkt wahrgenommen zu haben. Das ist Intelligenz.

In den Kapiteln zum Lernen ab Geburt finden Sie praktische Hinweise, wie die Vernetzung ganz natürlich gefördert werden kann.

Spiegelneuronen

Giacomo Rizzolatti beobachtete 1995 mit seinem Team, dass bestimmte Neuronen sowohl bei der Wahrnehmung eines Vorgangs wie auch bei der eigenen Ausführung dieses Vorgangs die gleichen Potenziale auslösen. Er nannte sie Spiegelneuronen, die als „Nachmacher- Neuronen" funktionieren.

Man lässt Schimpansen Vorgänge beobachten, die sie noch nicht kennen. Mit einem Scanner identifiziert man die Gehirnbereiche, die dabei besonders aktiv sind. Es sind die gleichen, die bei der eigenen Ausführung dieses beobachteten Vorgangs aktiviert werden.

Eine verhaltensorientierte Interpretation seiner Beobachtungen sieht allerdings eher so aus:

- Es sollte nicht verwundern, dass das Gehirn sowohl bei der *Wahrnehmung* wie auch bei der *Reaktion* die dafür notwendigen neuronalen Strukturen nur *einmal* anlegt. Sie *entstehen* bei der Wahrnehmung und werden bei der sinngemäßen Reaktion, beim *Nachmachen benutzt*. Umgekehrt werden mit Reaktions- steuernden Neuronen auch Wahrnehmungen von fremden Reaktionen als gleichartig erkannt.

- Es dürfte sich um den evolutionsbiologisch entstandenen Mechanismus handeln, der dem Lernen von Verhalten artgleicher Lebewesen dient. Es ist damit auch der Mechanismus, der das Lernen von Eltern bewirkt: Vormachen und Nachmachen!

Daran wird noch geforscht. Es klingt eigentlich völlig logisch, dass es zwei große Bereiche von Lernen gibt: Das Lernen von Wahrnehmungen über Ereignisse und Vorgänge, die ein Lebewesen *nicht selbst* ausführen kann und solche, zu denen es selbst fähig ist.

Während der Evolution waren Umgebungen, Orte, Feindbilder, Geruchseindrücke über Nahrung sicher die ersten und wichtigsten Wahrnehmungen, die auch zur Weiterentwicklung der Gehirne führten. Die lassen sich nicht „nachmachen".

Erst viel später, mit dem individuellen Lernen von Verhalten, entstand wohl die zweite Kategorie: Das Lernen von artgleichen Lebewesen. Es entspricht bei unbewussten Lebewesen fast einem Kopiervorgang, nicht unbedingt so bei bewussten.

Für Eltern bedeutet das, ihren Kindern bewusst oder unbewusst nur das vorzuleben, was sie ihren Kindern gerne beibringen wollen. Ganz besonders in der frühesten Kinderzeit.

Lernen durch Schmerz & Angst

Aus eigener Erfahrung ist dem Leser vermutlich bekannt, wie man sich in Angst und Paniksituationen fühlt: Der Kopf ist gelähmt, man kann keinen klaren Gedanken fassen und wenn, dann lässt er sich nicht festhalten. Das ist längst klar: Unsere chemisch- hormonale Steuerung steuert uns!

Bei Reden oder Theaterauftritten nennt man das Lampenfieber, in anderen Fällen Prüfungsangst und hört man im Wald bei Nacht hinter sich näher kommende Schritte, bleibt bloß noch die panikartige Flucht. Adrenalin und andere Hormone in Mengen bringen den Körper in den Verteidigungs- oder Fluchtzustand. Dopamine reduzieren das Schmerzempfinden.

Je bedrohlicher die Situation zu sein scheint, desto fundamentaler die Reaktion - ohne Möglichkeit, den *Geist* einzuschalten.

Natürlich lernt man solche Situationen in kürzester Zeit sehr tief und fest: So fest, dass daraus ein Trauma werden kann. Die tiefen, emotionalen Schichten lernen, die hohen, rationalen sind fast blockiert.

Springpferden schlug man früher eine mit Nägeln bewehrte Latte gegen die Unterschenkel, sobald sie über das Hindernis sprangen. Sie lernten durch Schmerz schnell und nachhaltig, die Unterschenkel beim Springen anzuziehen. Sie lernten aber auch die Angst vor einem schmerzhaften Hindernis, die zum Bocken führt, wenn der Reiter nicht hinreichend beherrschend ist.

Früher gab man Kindern sowohl im Elternhaus wie in der Schule Ohrfeigen oder Schläge auf Hände oder Po, damit sie sich wohlfeil verhielten. Das lernten sie dann zwar, sie lernten aber auch, sich zu gegebener Zeit zu revanchieren.

Wer glaubt, in solchen Zuständen des Organismus schulisches oder universitäres Wissen vermitteln zu können, liegt völlig verkehrt. Der Neokortex ist bei Angst stark blockiert.

Lernen durch Motivation

Neurologen[18] konnten zeigen, dass das Lernen völlig neuer Wahrnehmungen von Dopamin[19] - Ausschüttungen begleitet ist: Das Lernen von Neuem wird vom Körper durch ein angenehmes Gefühl ge-

---

[18] *z.B. Spitzer: Lernen*
[19] *Neurotransmitter, im Volksmund auch als ein Glückshormon bekannt*

fördert und belohnt. Langeweile und Interesselosigkeit dagegen sind von geringem Dopaminpegel begleitet.

Dieser hier nur angedeutete hormonelle Mechanismus gehört zum vorne erwähnten Antrieb eines hoch lernfähigen Organismus, einen leeren Speicher mit lebensrelevanten Inhalten zu füllen: Er hat Lust dazu, es macht Spaß: Man möchte gerne mehr davon.

Beim *Spielen*, Untersuchen, Ausprobieren neuer, unerwarteter Vorgänge, bei allen Aktivitäten, die neue Erfahrungen aus sicherer Position heraus ermöglichen, sind „belohnende" Hormone im Spiel, die Freude, Glück, Zufriedenheit hervorrufen.

Wir kennen das längst: Es ist Neugier, die Gier nach Neuem, aber aus einem Gefühl der Sicherheit heraus, ohne unmittelbare Bedrohung.

Hat man das Gefühl, dass keine unbeherrschbare Gefahr von Neuem ausgeht, untersucht man das Unbekannte vorsichtig. Der Käfer, die Schildkröte werden angestupst, um zu sehen, wie sie reagieren. Genau wie es auch Katzen ihren Jungen vormachen: Mit der Pfote kurz antippen, um zu lernen, wie die Maus, das Skorpion, die Spinne reagieren.

Und am Ende fühlt man sich sicher und wohl: Das Ding ist beherrschbar, ich habe es herausgefunden. Wenn Unbekanntes verbleibt, entsteht Unsicherheit: Ein unangenehmes Gefühl, ein Restrisiko, das beschäftigt und lähmt.

Motivation, Begeisterung, Spaß erzeugen Engagement und Lust am Lernen. Man spürt die Zeit nicht vergehen, man hängt sich hinein und kann mit Glück und Erfolgserlebnissen arbeiten und Dinge zu Weg bringen, ohne Müdigkeit oder Hunger richtig wahrnehmen zu können. Suchtgefühle.

Das ist heute in Ansätzen zwar bekannt, noch lange aber nicht in den Schulen, Universitäten und Unternehmen in die Praxis umgesetzt. Es wäre dringend erforderlich, spielerisches, praxisorientiertes Lernen und Untersuchen *zu entwickeln* und Lehrer, Pädagogen und Dozenten zu schulen, um das zunehmende Wissen durch *Effektivität* in die sonst überlasteten Köpfe zu bringen.

Es dürfte so auch möglich sein, mit weniger Zeitaufwand für die Schüler mehr und effizienter zu lernen.

Wie das mit Mathe, Physik und Chemie gehen kann?

Es soll hier nicht der Eindruck erweckt werden, man könne den guten Rat dazu aus dem Ärmel schütteln. Die Lösungen liegen aber in der Richtung der *Anwendungen*, die verständlich zeigen, wo der Nutzen von Integral- und Differentialrechnung liegt, von Elektronenbewegungen und Maxwell´schen Gleichungen. Der darin erkennbare Vorteil ist das Motivierende.

Genau das muss moderne Pädagogik leisten.

Ohne Einsicht in den praktischen Nutzen ist Lernen trocken, für die Schüler mühsam und von geringem Erfolg begleitet.

Bürger könnten von den Politikern entsprechende Weichenstellungen fordern, um das Bildungswesen samt den darin tätigen Pädagogen weiter zu entwickeln.

Überforderung, Frust, Aufgabe

Wer davon liest, dass Leistungen des Gehirns vom Training abhängen, könnte vielleicht auf die Idee kommen, solches Training mit Kindern zu intensivieren: Immer mehr und immer intensiver.

Zwar ist unser Gehirn enorm, vielleicht fast grenzenlos aufnahmefähig, doch Überforderung ist dennoch leicht möglich.

Es gibt eine Geschichte von einem Mathelehrer, der Differentialgleichungen einführte. Er hatte großes Talent zu erklären und erreichte auch, dass die Schüler bei der ersten Erklärung wohl auch das Wesentliche sofort verstanden.

Voller Euphorie erklärte er das gleiche Thema sofort auf eine zweite Weise, gleich danach auf eine dritte. Der Routinier meinte, das gerade entstehende Verständnis auf diese Weise zu fördern und zu unterstützen.

Aber das Gegenteil trat ein: Die Schüler verstanden bereits ab der zweiten zusätzlichen Erläuterung überhaupt nichts mehr. Es verwirrte sie, dem zweiten und dritten Gedankengang nur die andere Sichtweise auf die gleiche Problemstellung anzusehen.

Der Lernvorgang im Gehirn, die Konzentrationsmöglichkeit auf *einen* Zusammenhang wurde durch die zweite und dritte Variante empfindlich gestört. Sie brauchten als Folge viel länger als zunächst anzusehen war, um das alles zu kapieren.

Das ist das Wichtige daran: Die Struktur des ersten Verstehens muss sich im Gehirn erst richtig vertiefen, als Spur im Schnee erst richtig festtreten, bevor das Neue hinzukommen darf.

Gerade Kleinkinder benötigen sehr viel Zeit für die Verarbeitung von neuen Eindrücken: Die synaptischen Strukturen zwischen Neuronen, welche Eindrücke repräsentieren, entstehen nur langsam, indem sich die Kinder intern damit beschäftigen.

Das lässt sich leicht beobachten, wenn Kleinkinder die längst bekannten Griffe noch mal und noch mal und noch mal machen, bevor es ihnen langweilig wird.

Gehen Sie daher immer auf kindliche Fragen ein: Sie zeigen den Stand des Verarbeitungsprozesses ihrer Wahrnehmungen. Gehen Sie auf Wiederholungen ein: „Noch mal, erzähl das noch mal".

Denken sie daran, dass ein Gehirn während der Nacht umspeichert: Vom Arbeits- und Kurzzeitgedächtnis in den Langzeitmechanismus. Es ist wichtig, dass sich Spuren eines Eindrucks, einer Wahrnehmung erst richtig festsetzen, bevor neue Spuren hinzukommen.

Auch übt es die Konzentration auf einzelne Eindrücke, wenn sich ein Kind genügend lang mit *einem* Eindruck beschäftigen kann. Zu viele neue Eindrücke können defokussieren, erzeugen Unentschlossenheit und Wankelmütigkeit. Und Konzentration und Beharrlichkeit sind eine ganz auffällige Fähigkeit erfolgreicher Menschen.

Hinter allen diesen Dingen steht aber die Motivation durch Erfolg: Nur wenn ein Kind selbst mit etwas neu Gelerntem zufrieden ist, wenn es damit umgehen und es anwenden kann fühlt es sich erfolgreich: Nichts motiviert mehr.

Überforderung kann genau da sehr viel Schaden anrichten. Es erzeugt Frust und Enttäuschung und nimmt die Unternehmungslust.

Gehirn und Grundverhalten

Zum Verständnis um die Evolution des Gehirns gehört, dass es als Steuerungsnetz zwischen Wahrnehmungs- und Reaktionsorganen entstand, dass später zunächst einfache, dann komplexe Speicher und Steuerungsmechanismen hinzukamen, dass die einfachen schneller reagieren als die komplexen, dass ein Wesen kein Bewusstsein haben muss, um erfolgreich zu leben, und dass immer bessere Hirnleistung zwangsläufig zu Selbstwahrnehmung führt. Ein intelligentes Gehirn verändert das Grundverhalten nicht.

Verändert ein hoch entwickeltes Gehirn die GVK?

Der einfachste Weg zur Klärung dürfte es sein, die bisher gefundenen *unbewussten* Grundverhaltenskomponenten GVK dahingehend zu prüfen, ob und was sich daran evtl. durch ein leistungsfähiges, auch bewusstes Gehirn ändert.

Allerdings müsste man gedanklich in der Vergangenheit soweit zurückgehen, dass der Einfluss einer beginnenden Zivilisation zufolge Bewusstseins noch vernachlässigt werden kann.

Gehen wir geistig etwa 100 000 Jahre zurück, also zeitlich kurz vor dem homo sapiens, so waren die Gehirne anatomisch sicher schon fast wie heute, die Selbstwahrnehmung hatte sich wohl bereits recht weit entwickelt, während gelernte Zivilisation und Moral noch sehr in ihren Kinderschuhen gesteckt haben dürften:

- Unsere damaligen Ahnen waren noch immer egozentrisch und suchten alle Vorteile für sich, wenn auch die besondere soziale Beziehung zum Nachwuchs und zu Verwandtschaft wohl fast

lebenslang besteht. Sie ist ja umso stärker, je länger die Entwicklung zur Geschlechtsreife dauert,
- Sie strebten noch immer nach Stärke, Macht und Dominanz über Andere. Dazu waren die Stärksten unter ihnen, die Alphas, auch in der Lage, Helfer um sich zu scharen,
- Nach dem Streben nach Macht und Stärke, nach Privilegien war das Sicherheitsbedürfnis noch immer eine der wichtigsten Verhaltenskomponenten. Die Gehirne sorgten für immer besseres Einschätzungsvermögen, wobei die Kommunikationsfähigkeiten halfen, Gefahrenaspekte untereinander auszutauschen,
- Das Misstrauen gegenüber Anderem, Fremden war eher noch gesteigert, weil mit steigendem Wissen auch nicht beantwortbare Fragen auftauchen. Auch erkannten die Menschen zunehmend, dass andere Menschen bewusst Unwahrheiten äußern - was unbewusste Wesen - trotz Mimikry - kaum können.
- Das egozentrische Verhalten führte unverändert dazu, sich selbst Vorteile zu nehmen, die man anderen verweigert. Man eroberte, ohne eigene Reviere erobern zu lassen, man nahm weg, ohne sich selbst wegnehmen zu lassen. Und man bewunderte sogar diejenigen, die das am besten können, sogar bis heute: Man bedenke nur Alexander den Großen, Cäsar, Napoleon oder sogar Hitler, bis zum Beginn des zweiten Weltkriegs.
- Unverändert war die Fortpflanzung, genauer: Der *Sexualakt* der wichtigste Aspekt im Leben hoch entwickelter Lebewesen, das Streben nach Attraktivität für Geschlechtspartner des anderen Typs verstärkt sich weiter. Es entstanden Rituale dazu.
- Auch das *hier und jetzt* war unverändert der dominierende Reaktionstyp: Hier die Wahrnehmung und jetzt, auf der Basis eigener Erfahrungen die Reaktion. Menschen nennen das Pragmatik: Hier ist das Problem und da alle meine Erfahrungen, die ich sofort anwende. Die menschliche Abneigung gegenüber Theorien hat hier seine Wurzel. Darauf kommen wir noch ausführlicher zurück.
- Und opportunistisch sind unsere alten Vorfahren noch immer: Wie über alle Stufen der Evolution hinweg ergreifen sie alle günstigen Gelegenheiten, wenn sie sich ihnen bieten. Sie ändern sofort ihren Plan, wenn sich im nächsten Moment eine günsti-

gere Gelegenheit bietet: Auch das unterstützen höher entwickelte Gehirne immer besser.

- Noch immer nimmt der jetzt sehr viel leistungsfähigere Steuerungsmechanismus zwischen Wahrnehmung und Reaktion aktuelle Eindrücke und gespeicherte Informationen (wie die GVK) und errechnet daraus *genau eine* Reaktion. Nicht zwei oder mehrere, weil es keinen *anderen* Entscheidungsmechanismus gibt, als den, der die Reaktion errechnet hat. Es gibt im Gehirn auch keine anderen Informationen als die vom Gehirn benutzten. Genau diese eine Reaktion *muss* dann auch von den Organen des Organismus ausgeführt werden. Daher muss das Lebewesen noch immer von der Richtigkeit der Reaktion als *einzig richtige überzeugt* sein, auch wenn sie objektiv falsch ist. Unbewusstheit kennt keinen Zweifel.

Das ist auch der Grund, warum Wale[20] am Strand verenden können. Sie nehmen irgendetwas Unbekanntes wahr, verwenden gespeicherte Informationen und errechnen eine Reaktion, aufgrund derer sie dann stranden.

Nehmen sie die extremen Schallimpulse von U-Booten wahr, können sie nur auf höchste Gefahr schlussfolgern und fliehen - egal wohin. Nicht selten erleiden sie nicht reversible Gehörschäden.

Wenn Wale wegen einer Krankheit stranden, ist das exakt gleich: Die Krankheit stört entweder die unmittelbare Wahrnehmung, die gespeicherten Informationen oder den Rechner. Der Mechanismus der *Überzeugtheit von der eigenen Meinung*, sorry: *Von der Richtigkeit der errechneten Reaktion* ist es, der das unbewusste Tier falsch reagieren lässt, objektiv gesehen.

Fazit: Alle Grundverhaltenskomponenten wirken trotz intelligentem Gehirn noch so wie zu Zeiten der Molekülbildung - höchstens erheblich effizienter umgesetzt.

---

[20] *Es scheint erwiesen zu sein, dass Wale die Unterwasser- Schallsignale von Schiffs- Sonarsystemen als extreme Bedrohung empfinden und panikartig fliehen.*

Hoch entwickelte Gehirne ergänzen Verhalten nur

Offensichtlich bewirken hoch entwickelte Gehirne - noch ohne Selbstwahrnehmung - keine grundsätzlichen Verhaltensänderungen. Es kommen aber ein paar Verhaltensaspekte hinzu, die recht beachtenswert sind:

Nachwuchspflege

Auch sehr einfache Organismen betreiben für ihre Nachkommenschaft eine gewisse Vor- oder Fürsorge:

Insekten legen ihre Eier in eine Umgebung ausreichender Nahrung, an geschützte Stellen, Frösche und Fische suchen flache, warme, nährstoffreiche Gewässer und legen dort immense Mengen von Eiern, um mindestens einer gewissen Anzahl ein Überleben zu ermöglichen, Schildkröten verstecken ihr Gelege im warmen Sand, unweit vom Meer und in hinreichender Zahl.

Ihre Vorsorge um die Nachkommenschaft stellte sich so ein, weil dieses Verhalten die Replikationsbilanz auf hinreichend hohe Werte hielt.

Lebewesen mit hoch entwickelten Gehirnen, Säugetiere, benötigen auch *nach* der Geburt eine wesentlich längere Reifezeit bis zur Geschlechtsreife, gleich ob es sich um Mäuse oder Elefanten handelt.

Konsequenterweise kann nur dann die Replikationsbilanz hinreichend hohe Werte annehmen, wenn die Eltern ihrem Nachwuchs über Wochen, Monate und Jahre ihren besonderen Schutz zukommen lassen, eben bis zur Geschlechtsreife.

In diesem Aufzucht- Zeitraum, auch bei Vögeln in der Brutpflege gut zu beobachten, zeigen solche Lebewesen neben ihrer GVK- Egozentrik eine Art zusätzliches Sozialverhalten, weil sie sich um ihre Jungen kümmern, sie mit Nahrung versorgen, versuchen Feinde zu vertreiben oder sie zu täuschen. Danach aber erlischt bei den meisten Vögeln die besondere Beziehung zwischen Eltern und Nachkommen, auch bei den meisten Säugetieren. Immerhin ist eine Art unbewusste altruistische Komponente zu entdecken.

Bei einigen Vogelarten besteht eine fast lebenslange Beziehung zwischen Männchen und Weibchen, wie beispielsweise bei Schwänen. Auch das sieht bereits wie Sozialverhalten aus.

Auch solches Verhalten ist aber ausschließlich auf die dadurch in irgendeiner Form bessere Replikationsbilanz zurückzuführen.

Sehr hoch entwickelte Säugetiere, Schimpansen oder Bonobos scheinen ihre verwandtschaftliche Beziehung sehr lang im Gedächtnis zu behalten. Sie müssen ihren Nachwuchs auch mehrere Jahre lang betreuen und versorgen, bevor jene geschlechtsreif sind. Ihre hohe Lernfähigkeit und ihre beginnende Selbstwahrnehmung führen dazu, dass sie ihre enge und besondere verwandtschaftliche Beziehung immer länger, zunehmend lebenslang erkennen und im Gedächtnis behalten.

Die „altruistische" Komponente während der Aufzuchtzeit erstreckt sich dadurch auch über die Geschlechtsreife hinaus, wenigstens in Ansätzen.

Menschen sind durch ihr Bewusstsein und ihre Lernfähigkeit auf jeden Fall lebenslang in der Lage, Nachkommenschaften und verwandtschaftliche Beziehungen zu erkennen. Als Konsequenz ergibt sich eine immer kräftigere altruistische Komponente zusätzlich zur egozentrischen der GVK - *innerhalb der Familie!*

Die lange Aufzuchtzeit und die hoch entwickelten Kommunikationsfähigkeiten förderten beide die Familien- und Sippenbildung, bei denen sich die GVK der *Individuen* zu GVK der *Gruppe* entwickelten. Es entstand ein Sozialverhalten mit altruistischen Komponenten *innerhalb der Sippe*.

Die Intensität der altruistischen Komponente gegenüber der egozentrischen hängt allerdings von der *Beziehungsdistanz* ab: Zu den eigenen Kindern ist sie sicher am intensivsten, dann zu Verwandten und Freunden. Zu Menschen anderer Regionen, früher insbesondere auch zu Menschen anderer Rassen, ist die altruistische Komponente wieder nahe null.

Egozentrik wurde als Grundverhalten also nicht *ersetzt*, sondern es wurden eher - opportunistisch - altruistische Muster *hinzugefügt*, so lang sie einen individuellen Vorteil bieten.

Konservative Denkhaltung

Die Fähigkeit, gewaltige Mengen Vergangenheit, Erfahrungen zu speichern bekommt mit dem *Bewusstsein* eine zusätzliche, davor nicht so deutlich erkennbare Bedeutung:

Hochentwickelte Lebewesen speichern enorme Informationsmengen ab, ausnahmslos Vergangenheit. Und es geschieht durchweg, um für die Zukunft besser gewappnet zu sein. Zusätzlich haben Organismen ein natürliches Verharren in der Nische, die typisch für sie ist: Bekanntes ist sicherer. Außerhalb der eigenen Nische findet man weniger Nahrung und Partner und die Gefahr unbekannter Fressfeinde ist höher.

Das alles *wissen* u*nbewusste Lebewesen* aber nicht, sie *nutzen* solche Erfahrungen einfach nur für die wenigen Sekunden, Minuten oder Tage der vor ihnen liegenden Zukunft.

Wesen *mit* Bewusstsein allerdings *sehen* ihre gespeicherte Erfahrung, ihre Vergangenheit: Sie ist ihnen bewusst. Zwangsläufig sehen sie in ihrer gesamten Wahrnehmung sehr viel mehr Vergangenheit als Gegenwart oder gar irreale Zukunft. Und sie wissen auch, dass sie das für ihre Entscheidungen nutzen.

Als Folge fühlen wir uns der Vergangenheit *viel stärker* verhaftet als ein unbewusstes Wesen. Unser Bewusstsein verstärkt gar die Vergangenheitsorientierung gegenüber unbewussten Wesen. Auch bewusste Menschen sind daher im Mittel *traditionsorientiert, konservativ.*

Hier liegt die Wurzel der *Konservativen,* gleichzeitig die Liebe zu und das Festhalten an *Traditionen.* Auch die Nostalgie.

Die Bewusstheit über die Vergangenheit dominiert uns - so lang wir darüber keine Bewusstheit haben.

Menschen mit Bewusstsein *wissen* weitgehend, dass sie, pragmatisch wie sie sind, sich praktisch immer an der Vergangenheit orientieren, wenn sie sich entscheiden. Natürlicherweise glauben sie auch, ihre gespeicherten Informationen vollständig verstanden zu haben und daraus die besten Rückschlüsse ziehen zu können.

Das Relikt unserer unbewussten Herkunft, sich als einzige Entscheidungsgrundlage an der Vergangenheit zu orientieren und die abgespeicherten Informationen für richtig zu halten, lässt uns daher auch so entscheiden und handeln.

Dass aus Erfahrungen ein tieferes Verständnis abgeleitet werden könnte, hält der eher unbewusste Mensch nicht für möglich.

Gleichzeitig ist die Fähigkeit, gespeicherte Erfahrungen *in Frage zu stellen*, noch bei weitem unterrepräsentiert. Das Hinterfragen erfordert auch viel mehr als nur Bewusstsein, nämlich *Bewusstheit* über eine eventuelle Notwendigkeit des Hinterfragens!

Die Möglichkeit, die Zukunft besser voraussagen zu können, indem wir versuchen, die *Strukturen* der Erfahrungen, solcher Wahrnehmungen zu finden, nutzen wir vergleichsweise viel weniger, weil dazu ein weiter entwickelter Geist erforderlich ist, über Selbstwahrnehmung weit hinaus: Die Fähigkeit zur Theoriebildung. Das leistet erst der bewusste Geist, wenn er will.

Schlimmer aber noch: Die menschlich unbewusste Neigung zu Pragmatik, zu Erfahrungen und Vergangenheit, auch die Neigung zu Misstrauen gegenüber Neuem baut bei Menschen mit noch geringer Bewusstheit im Durchschnitt Aversionen gegenüber der Bildung und Verwendung von Theorien auf.

Und sie richtet sich nicht selten sogar *aktiv* gegen Menschen, welche die Struktur von Erfahrungen und Beobachtungen zu ergründen suchen: Wissenschaftler, die nach Theorien und tieferem Verständnis suchen, gelten nicht selten als verschroben: „Alle Theorie ist grau", sagt der Volksmund.

Das natürliche menschliche Denken und Handeln ist daher konservativ und Traditions- orientiert. Fundamentalisten in dieser Hinsicht ist es oft wichtiger, eine Tradition zu pflegen, statt sie zu opfern, um eine bessere Zukunft zu gestalten.

Sind die Konsequenzen davon nicht gerade unsinnig?

> In Nordirland ist es den NACHKOMMEN der Protestanten wichtiger, nach mehr als 300 (!!) Jahren nach ihrem Sieg über die Katholiken noch einen Triumphzug durch katholische Viertel zu machen, als mit ihren Nachbarn und Mitmenschen in Frieden zu leben: Zu Gunsten der Vergangenheit geopferte Zukunft.

Das einzig wichtige im Nahen Osten ist die Zukunft. Und dennoch hasst man sich und wirft sich Dinge gegenseitig vor, die Jahrzehnte zurückliegen - um Hass zu schüren. Gegenseitig zerstört man sich die Lebensgrundlagen - in periodischer Folge. Es kann sich doch da, auf allen Seiten nicht um wirkliche Erwachsene handeln? Warum wird solche Primitivität nicht weltweit und lautstark angeprangert?

Diese Unfähigkeit zum Ausgleich geht auf GVK zurück!

Das System zwischen Palästina und Israel erhält sich selbst: Der Hass auf beiden Seiten ist so groß, dass in die Lerntürme der Kinder, in die Grundlagenschichten, von Anfang an nur Hass eingespeichert wird. Dann haben es auch Botschaften in den obersten, rationalen Schichten sehr schwer.

Das Verhaltensmodell kann es deutlich zeigen:

Wenn der traditionsverhaftete Nordire sein Verhalten ändern soll, dann muss er letztlich in seiner rational – kognitiven, bewussten Schicht erreicht werden. Das schafft man allerdings nicht in einem Schritt.

Man muss ihn zuerst da abholen, wo er sich aktuell emotional- unbewusst befindet. Mit welchen seiner Emotionen man sich zunächst synchronisieren muss, ist eher zweitrangig: Es ist einfach nur Resonanz mit den tieferen Schichten des Türmchens nötig, um seine Wahrnehmung zu bekommen: Nichts anderes als Vertrauen. Dann erst können neue Inhalte eingespeichert werden.

Hier ist intelligente Anpassung an den Lernturm gefragt, wenn man wirklich Zugang haben will. Die Kommunikation mit solchen Menschen ist enorm schwer.

Wirkliche Persönlichkeiten sind sich ihrer natürlichen Neigung zur Vergangenheit bewusst. Sie hinterfragen Traditionen und traditionelles Denken vernünftig und suchen gezielt nach Alternativen - einfach, um einen objektiveren Standpunkt gegenüber den eigenen Überzeugungen einnehmen zu können.

Neugier

Hoch entwickelte Gehirne liefern ja Replikationsvorteile vor allem durch die im Gedächtnis gespeicherten Erfahrungen: Wahrnehmungen aller Art - *sofern sie hinreichend richtig* sind. Also hätte ein Lebewesen Replikationsvorteile, wenn es Umweltereignisse sorgfältig daraufhin untersucht, ob sie nützlich oder gefährlich sind. Dann erst stellen gespeicherte Wahrnehmungen, Erfahrungen also, eine Grundlage für bessere Entscheidungen dar.

Andererseits können es sich Lebewesen nicht leisten, erstmal zu untersuchen, wenn etwas bislang Unbekanntes geschieht: Es könnte ihr Ende sein. Ihr Reflexverhalten rettet sie ja gerade in Blitzesschnelle vor Gefahren, verhindert dadurch aber die sorgfältige Untersuchung.

Daher muss ein Replikationsvorteil entstehen, wenn *nach* einer reflexartigen Sicherheitsreaktion, beispielsweise der gelungenen Flucht vor einer vermeintlichen Bedrohung, ein gezielter Lernvorgang ausgelöst wird.

Hat es also im Gebüsch nebenan plötzlich laut geknackt, wird zunächst die Flucht blitzartig ausgelöst, bis man sich sicher fühlt. Danach untersuchen hoch lernfähige Wesen vorsichtig, wodurch der Knack ausgelöst wurde und wie man evtl. mit solchen Ereignissen besser umgehen kann.

Solche *Neugier*, aus sicherer Deckung heraus, führt zu gezielten Wahrnehmungen und Lernvorgängen, die als künftige Erfahrung bessere Entscheidungen auslösen. Das führt zu einem Replikationsvorteil. Und wie vorne schon skizziert: Das ist heute auch gut durch die chemische Steuerung belegbar. Es werden Belohnungsstoffe, *Dopamine*, in den Körper ausgeschüttet oder auch *Serotonin* reduziert, wenn Neues gelernt wird.

Neugier ist eine Eigenschaft, die man natürlich an Menschen besonders gut beobachten kann. Aber auch Schimpansen, Katzen, Mungos oder Hunde zeigen solches Verhalten sehr deutlich.

Wenn diese Überlegung richtig ist, wird man Neugier bei nicht oder kaum lernfähigen Wesen *nicht* finden können.

Altruismus[21]

Der Mensch wird in der Literatur häufig als ein soziales Lebewesen bezeichnet. Nicht selten auch so, als ob das sein Hauptverhalten sei. Tatsächlich gibt es Familien- und Sippenbildung, gemeinsame Jagd, gemeinsames Essen und Wohnen, gegenseitige Unterstützung bei keiner anderen Lebensform so intensiv und vielfältig wie beim Menschen. Eigene Interessen der Älteren stehen dabei oft nachrangig hinter denen für ihre nicht geschlechtsreifen Nachkommen, vgl. vorige Seiten.

Bienen oder Ameisen sind nur bei oberflächlicher Betrachtung wohl organisierte Sozialstaaten. Deren Arbeitsteilung sollte nicht mit Altruismus verwechselt werden.

Dieses Buch möchte allerdings aufzeigen, dass Altruismus beim Menschen, wie bei anderen hoch entwickelten Lebewesen höchstens eine *Zusatzkomponente* zum archaischen Verhalten nach den GVK ist und meist ziemlich schwach entwickelt. Egozentrik bleibt gegenüber Altruismus der weit dominierende Teil, insbesondere bei zunehmender verwandtschaftlicher *Distanz*. Das zeigt sich besonders in Extremsituationen.

Auch wenn hoch entwickelte Säugetiere ein ausgeprägtes Schutzverhalten für ihre Nachkommen zeigen, das sie oft auch zu riskanten Abwehrmaßnahmen gegen Fressfeinde treiben, riskieren sie nicht wirklich ihr eigenes Leben: Im Entscheidungsfall geben sie auf und überlassen ihr Junges dem angreifenden Löwen oder den Wölfen.

Ein gewisses Maß an Selbstlosigkeit kann und muss bei Menschen gezielt und bewusst entwickelt werden, insbesondere zur hinreichenden Überdeckung der Eigennützigkeit zufolge der GVK, deren Wirkung aber nie völlig eliminiert werden kann.

Die Entwicklung ethischen Verhaltens, also eines ausgewogenen Stücks Altruismus gehört zur Zielsetzung dieser Buchreihe.

Fazit: Ein hoch entwickeltes Gehirn liefert zusätzliche Grundverhaltensweisen, die allerdings nur als Verfeinerungen der bisher be-

---

[21] Al·tru'is·mus: Selbstlosigkeit, Uneigennützigkeit

kannten GVK angesehen werden können, besonders das Streben nach Sicherheit.

Eine entwickelte Persönlichkeit kennt die Wurzeln von Neugier oder konservativer Grundhaltung und hat gelernt, mit ihnen ausgewogen und fair umzugehen. Auch zeichnet es Menschen aus, wenn sie ihre Egozentrik mit einem gehörigen Maß an Altruismus kompensieren. Das Resultat ist Sozialkompetenz.

Zusammenfassung

Ein hoch entwickeltes Gehirn, auch wenn es über Bewusstsein verfügt, ändert das genetisch verankerte Grundverhalten so gut wie nicht. Es verfeinert nur.

Das gilt für die Nachwuchspflege, die konservative, verharrend Denkhaltung, die Neugier, und gewisse altruistische Züge, die sich aus dem Sozialverhalten gegenüber den unmittelbaren Nachkommen und nahen Angehörigen ableitet.

Selbstwahrnehmung und Bewusstsein

Um den menschlichen Geist entstand ein Mythos, der unseren Blick für die tatsächliche Entwicklung unseres Bewusstseins und seiner Bedeutung, auch seiner Wirkung in Verbindung mit den GVK verschleierte. Sollte eine Persönlichkeit nicht über verklärenden Ansichten zum Geist stehen, stattdessen mit Vernunft und Nüchternheit die tatsächliche Entwicklung des menschlichen Bewusstseins verstehen?

Entwicklung des Bewusstseins

Heute wird die unbewusste Evolution der Natur in der Wissenschaft nicht mehr angezweifelt. Gott wäre daher höchstens noch als der Initiator[22] und Erfinder der Mechanismen erforderlich, die diese Evolution ermöglichten.

Tatsächlich lässt sich sehr gut zeigen, dass und wie eine völlig *unbewusste* Evolution auf der Erde Organismen und Lebewesen hervorbringen kann. Das lässt sich sogar als Evolution im Kosmos über Milliarden Jahre seit dem Urknall zeigen.

Und solches unbewusste Leben funktioniert genau so gut oder eher besser als bewusstes.

Dabei entwickelten die Organismen zu Wasser, auf dem Land und in der Luft oft fantastische Fähigkeiten. Viele davon können Wahrnehmungsmuster in höchstem Detaillierungsgrad mit einer fast unglaublichen Empfindlichkeit verarbeiten und oft auch abspeichern.

---

[22] *Gott: Mitschuldig? beschreibt die Entstehung von Glauben und Religionen als Konsequenz der in einer unbewussten Evolution zwangsläufig entstehenden, selbstwahrnehmenden Wesen.*

Besonders auffällig sind vielleicht die optische Wahrnehmung von Greifvögeln, die akustischen von Fledermäusen oder Katzen, das Geruchsempfinden von Hunden oder Insekten und die Erschütterungsempfindlichkeit von Fischen.

Und lassen Sie mich stereotyp wiederholen: Die Wahrnehmungsfähigkeiten entwickelten sich aus Vorgängereigenschaften in winzigsten Veränderungen nach zufälligen Modifikationen, wenn sie die Replikationsbilanz verbesserten.

Warum bessere Wahrnehmungsorgane die Replikationsbilanz verbessern?

An dieser Übersicht ist das vermutlich leicht zu erkennen: Das Bild[23] zeigt oberhalb des Pfeils der *unbewussten* Evolution die Wahrnehmungsbereiche irrelevant, Beute, Feind und Rivale, die kontinuierlich entstanden und sich verbesserten.

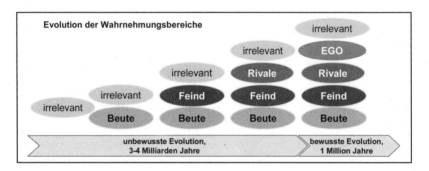

Von links nach rechts im Bild:

- Klar, dass ein Organismus Vorteile haben muss, wenn er gegenüber einem blind herum irrenden seine *Beute* wahrnehmen und gezielt darauf losgehen kann.

- Klar, dass ein Organismus, der bei der Beutesuche seinen Feind unterscheiden und ihm ausweichen kann, Vorteile gegenüber dem hat, der das nicht oder weniger gut kann.

---

[23] Beachten Sie bitte: Das Teilstück des Pfeils „bewusste Evolution" am unteren Rand des Bilds müsste für eine maßstäbliche Darstellung etwa 30 fach kürzer sein.

- Klar, dass die Fähigkeit, einen Geschlechtspartner wie auch einen Geschlechtsrivalen früher oder besser wahrzunehmen Vorteile haben dürfte, um sie zu eigenen Gunsten wahrnehmen zu können.

Mit den Wahrnehmungssensoren entwickelten sich auch die Gehirne weiter: Immer bessere Verarbeitungs- und Speicherfähigkeiten und immer bessere Kombinationsfähigkeiten zwischen den verschiedenen Wahrnehmungen aller Wahrnehmungsbereiche.

Das sind Leistungen der immer weiter zunehmenden intellektuellen Wahrnehmung, der Interpretation des Wahrgenommenen - die zunehmen, weil sie die Replikationsbilanz verbessern - wenn auch nur in winzigsten Schritten.

Lassen Sie gedanklich die Fähigkeit immer weiter steigen, Wahrnehmungsmuster aufzunehmen und abzuspeichern. Lassen Sie die *Kombinationsfähigkeit* weiter steigen. Weit über den Punkt hinaus, wo Tiere beispielsweise ihre Artgenossen durch unterschiedliche Rufe auf unterschiedliche Situationen und Gefahren aufmerksam machen. Über den Punkt hinaus, wo sie ihre Nachkommen lebenslang wieder erkennen.

Kommt es bei laufend gesteigerter Wahrnehmung und immer besserer Kombinationsfähigkeit dann nicht ganz *zwangsläufig* zur ersten zarten, dann zunehmenden *Selbstwahrnehmung?*

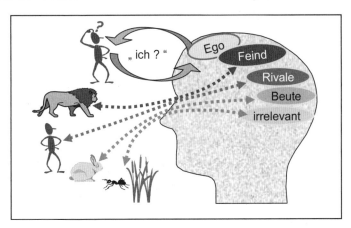

Logischerweise bleibt eigentlich kein anderer Schluss: Vor vielleicht 2 Millionen Jahren entstand ganz langsam, von Generation zu Generation, fast unmerklich zunehmend eine Selbstwahrnehmung, die vielleicht erst seit ein paar hunderttausend Jahren den Begriff Bewusstsein verdiente. Manche Wissenschaftler gehen sogar von nur 30 bis 50 tausend Jahren aus für ein Niveau an Bewusstsein, das den Namen verdient.

Gegenüber einer evolutionären Entwicklung der Selbstwahrnehmung erscheint ein Geisteshauch eines Gottwesens weit, weit unwahrscheinlicher.

Es ist ganz wichtig, tief zu verstehen, dass die gesamte Gehirnevolution völlig *unbewusst* unter Verwendung der gleichen Evolutionsregel wie für das Gesamtwesen abgelaufen ist: Was die Replikationsbilanz dauerhaft verbessert, setzt sich gegenüber Alternativen besser durch, erhöht die Anzahl solcher Organismen.

Diese Sichtweise führt zu ein paar zusammenfassenden Schlussfolgerungen, die für unser heutiges Zusammenleben von großer Bedeutung sind:

> Gehirne mit allen Schichten und Fähigkeiten entwickelten sich als zwangsläufige Konsequenz der Evolution, weil sie die Replikationsbilanz der damit ausgestatteten Lebewesen erhöhten.

und

> Auch Selbstwahrnehmung und Bewusstsein sind daher eine zwangsläufige Konsequenz der unbewussten Evolution.

und

> Zur Entwicklung von Geist und Bewusstsein war zu keiner Zeit ein göttlicher Hauch erforderlich.

Selbstwahrnehmung und Bewusstsein

Wenn aber jeder Verbesserungsschritt der unbewussten Evolution der Verbesserung der Replikationsbilanz dient, also der immer effektiveren und effizienteren Unterstützung der Antriebe der GVK, dann ist eine weitere Schlussfolgerung ebenfalls ganz zwangsläufig:

> Bewusstsein und menschlicher Geist entwickelten sich *im Dienst* des Grundantriebs,
> als ihr Verstärker, Diener und Sklave.

Selbstwahrnehmung bzw. Bewusstsein, der menschliche Geist, ist damit als zwangsläufige Konsequenz der Evolution auf Grund des einen Grundantriebs identifiziert, eine zwangsläufige *Konsequenz* einer *unbewussten* Entwicklung.

Das ist eine These, die mit unserer traditionellen Sicht über den Ursprung des Geistes schwer zu schlucken ist. Das berührt sicher das religiöse Weltbild sehr vieler Menschen. Und dass unser Geist nicht als krönendes Merkmal, sondern als Diener und Verstärker der tierhaften Antriebe entstanden sein soll, ist vielleicht noch schwerer zu verdauen.

Und lassen Sie mich das auch verschärft aussprechen: Bis zum heutigen Tag stehen bei sehr vielen Menschen Geist und Bewusstsein noch deutlich überwiegend im Dienst primitiver archaischer Antriebe, so wie sie im Archaischen Grundgesetz AG beschrieben sind.

Auch hohe Intelligenz kann daher im Dienst archaischer Antriebe stehen: Extrembeispiele mögen Hitler, Goebbels, Mugabe und andere sein. So weit muss man aber gar nicht gehen: Sehen Sie sich durchaus prominente, intelligente heutige Politiker oder Topmanager an, gleich ob sie Bush, Kohl, Schröder, Schrempp oder Ackermann heißen. Ihre Geisteshaltung und ihre Intelligenz stehen weit auf der Seite des AG, ziemlich entfernt von der Seite des EG.

Und ihr soziales und ethisches Deckmäntelchen muss gerade soviel davon verdecken, damit die Mehrheit der Bürger und Wähler, die ja genau so gebaut sind, noch überwiegend Resonanz empfinden. Das leistet ihre Intelligenz auch.

Zwar hat der menschliche Geist auch Moral und Ethik hervorgebracht, aber eben eher aus schlechten *Erfahrungen* heraus, nicht aufgrund von Analytik und Bewusstheit um unsere Verhaltens-Funktionsweise. Moral und Ethik, wie wir es heute im Durchschnitt verstehen, ist deshalb auch nur der *aktuelle* Entwicklungsstand, noch nicht das für eine friedliche, faire Gesellschaft vorstellbare Ziel.

Schlechte Erfahrung: Zeugung eines Widersachers

Selbstwahrnehmung und Bewusstsein sind mit sehr hoher Wahrscheinlichkeit entstanden, weil sie erlaubten, Zusammenhänge im täglichen Leben besser zu verstehen und daraus für die Replikationsbilanz Vorteile abzuleiten.

Mit hoher Wahrscheinlichkeit trugen die Kommunikationsfähigkeiten, der Lautvorrat, die Differenzierungsmöglichkeiten für verschiedene Botschaften zur Entwicklung des Bewusstseins erheblich bei: Sie sind wahrscheinlich viel eher gegenseitige unbedingte Voraussetzungen.

Es nahmen dadurch aber auch die Denkfähigkeiten, die eher bewusste Kombinationsfähigkeit wohl ganz erheblich zu. Soweit, dass die Fangmethoden verfeinert wurden: Das Fallenstellen, Werkzeuge, Waffen, Wetterschutz, Bekleidung. Die Schutz- und Versorgungsfähigkeiten für den Nachwuchs verbesserten sich, was die Replikationsbilanz weiter erhöhte. Und das Bewusstsein förderte auch direkt die Häufigkeit der Fortpflanzung:

> Wo zu unbewussten Zeiten beispielsweise Pheromone, Sexual-Lockstoffe, die Fortpflanzungsbereitschaft signalisierten und die Zeugung auslösten, kam zunehmend mehr die optische und akustische Wahrnehmung des anderen Geschlechts hinzu, mit allen Konsequenzen.

Eher als *Nebeneffekt* erkannten aber unsere Vorfahren immer mehr, dass ein Zusammenleben mit Bewusstsein um Nachkommen und Verwandtschaft auf archaischer Basis nicht besonders gut funktioniert. Man kann in der eigenen Sippe seiner Egozentrik zum Nachteil der anderen Mitglieder nicht einfach freien Lauf lassen. Zumindest möchte das niemand bei den anderen Sippenangehörigen dulden:

„Was du nicht willst, das man dir tu, das füg´ auch keinem anderen zu", spricht der Volksmund sehr treffend aus.

Das müssen unsere Vorfahren schon sehr früh so empfunden haben. Eine genial einfache Regel, die bis heute unverändert gültig ist - und umso mehr ignoriert wird, je mehr Macht einer hat.

Weil es so wichtig ist, unsere Ado- getriebene *Hauptentwicklung* einerseits und den *Ebe- Nebeneffekt* andererseits zu verstehen, soll das folgende Bild diesen Zusammenhang noch mal hervorheben:

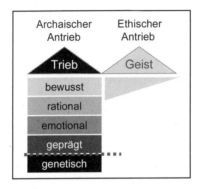

Auch ist es wichtig, noch mal zu betonen, dass die ethische Entwicklung seit damals bis heute *empirisch*, durch schlechte Erfahrungen angestoßen wurde: Merkmal der unbewussten Evolution.

Bis heute haben Menschen nur den *Fremdantrieb* zur Eindämmung von Symptomen entwickelt, nicht den *Eigenantrieb* zu deren Vermeidung

Bis heute hat sich niemand solche Zusammenhänge und Ursachen wirklich grundlegend überlegt, um über *symptomorientierte* Lösungsansätze *hinaus* auf fundamentalere zu kommen. Bis heute fehlte das analytische Offenlegen unserer tierhaften Antriebe.

Wir sind sogar gezwungen, das richtig zu verstehen: In der unbewussten Natur gab es zu jedem Zeitpunkt Gleichgewichte zwischen den verschiedenen Lebewesen, auch wenn einige unter ihnen individuell dominant erscheinen. Ein Regelungstechniker würde von Gegenkopplungen reden, die einen stabilen Gleichgewichtszustand in der Natur bewirken.

Dieses Gleichgewicht ging verloren:

Das Bewusstsein gibt einer einzigen Spezies, dem Mensch, die Möglichkeit, alle Gleichgewichte zu kippen - was derzeit gerade geschieht: Klimakollaps, Umweltverschmutzung, Artensterben...

Man sollte sich daher täglich vor Augen halten:

Nur das tiefe Verständnis um diese Zusammenhänge und Ursachen kann wieder eine Gleichgewichts- erzeugende Gegenkopplung per Eigenantrieb erzeugen. Genau dafür werden wirkliche Persönlichkeiten, statt archaischer Egozentriker benötigt.

Haben nur Menschen ein Bewusstsein?

Verhaltenswissenschaftler entwickelten zur Klärung solcher Fragen vor einiger Zeit bereits den so genannten *rouge Test*:

Nach geeignetem Training vor einem Spiegel malt man verschiedenen Lebewesen, Katzen, Hunden, Pavianen, Schimpansen, Bonobos unbemerkt einen roten Fleck auf die Stirn und setzt sie dann wieder vor den Spiegel.

Hunde und Katzen ignorieren den Fleck auf der eigenen Stirn oder kratzen unverändert am Spiegel, auch Paviane machen das so: Der Gegenüber im Spiegel blieb ein anderes Wesen. Nur Bonobos und Schimpansen, auch nicht alle, aber viele der erfahrenen, kratzen den Fleck von der *eigenen* Stirn weg, sich selbst dabei im Spiegel beobachtend. Sie *wissen* offensichtlich, dass es sie gibt und wie sie aussehen und dass das Wesen gegenüber im Spiegel sie selbst sind.

Sie sind in der Lage, aus der Wahrnehmung des Spiegelbilds und der gleichzeitigen Wahrnehmung der eigenen Bewegungen zu kombinieren, zu *erkennen*, dass sie das selbst sind.

Sinngemäße Tests funktionieren auch mit Delphinen.

Das Bestehen dieser Tests wird heute als Übergang vom Unbewussten zum Bewussten angesehen. Wir können das durchaus als sicheren Beweis für eine *kontinuierliche* Entwicklung vom unbewussten Lebewesen zum bewussten Menschen ansehen.

Übrigens bestehen Kleinkinder diesen Test meist erst deutlich nach dem 8. Lebensmonat, manchmal erst im zweiten Lebensjahr.

Nehmen Sie das durchaus als Hinweis, dass Selbstwahrnehmung und Bewusstsein nicht einfach gegeben ist, sondern dass es gelernt werden muss.

Dieses Buch unterscheidet in Selbstwahrnehmung und *Bewusstsein* einerseits und *Bewusstheit* andererseits.

Bewusstheit ist die höchste Stufe, die Kenntnis und volle Kontrolle *darüber* zur Verfügung stellt, wie wir selbst im Verhalten funktionieren. Ein Merkmal einer wirklichen Persönlichkeit.

Zusammenfassung

Entstehung und Bedeutung unseres Bewusstseins sind doch deutlich anders, als Menschen das in den vergangenen Jahrhunderten und Jahrtausenden geglaubt haben.

Die wesentlichen Schlussfolgerungen sind - in kompakter Form:

- Das Bewusstsein ist eine *zwangsläufige* Konsequenz der Steigerung der Fähigkeit eines *unbewussten* Gehirns, nicht der Hauch eines Übergeistes.
- Es entwickelte sich nur deshalb, weil es die Replikationsbilanz jener Wesen, also auch ihre Konzentration erhöhte.
- Es entstand somit als Effizienzsteigerer, Verstärker, *Diener* und Sklave des archaischen Antriebs und seiner Grundverhaltenskomponenten GVK.

Unsere übrige biologische Bauart, sowohl die GVK „*Überzeugtheit von der eigenen Sicht*" wie auch das „*Streben nach Stärke und Dominanz*" sorgen dafür, dass wir uns einerseits für die Krone der Schöpfung halten, die sich die Erden untertan machen soll und andererseits, dass wir davon so überzeugt sind, dass wir kaum über eine andere Sichtweise - wie hier im Buch - nachdenken.

Deshalb merken wir nicht automatisch, dass die GVK ein originärer Teil von uns sind und dass der menschliche Geist per natura ihre schädliche Auswirkungen verstärkt, zum Vorteil des Starken, zum Nachteil der vielen Schwachen.

Wir sagen scheinbar wissend: So ist halt der Mensch.

Unser aller unbewusstes Verhalten ist nach wie vor, wie es hier in diesem Kasten steht: Geist und Intelligenz dienen den Antrieben: So ist es genetisch programmiert.

Demgegenüber ist ein Verhalten nach dem Ethischen Grundgesetz EG individuell *erlernbar*, aber weltweit noch ziemlich stark unterentwickelt.

Willensbildung und freier Wille

Der menschliche Wille ist nicht einfach deshalb frei, weil das menschliche Bewusstsein uns wahrnehmen lässt, was wir wollen. Sollte eine Persönlichkeit nicht die Wurzeln ihrer Willensantriebe und ihre ethischen Alternativen kennen, um damit besser umgehen zu können?

Sachverhalte und Nützlichkeit, Gefühle

Wann immer ein biologischer Organismus etwas unternimmt, sieht es von außen so aus, als ob er das gerade machen *will*.

Ein Fisch lutscht Algen an einem Stein, eine Ameise schleppt einen Grashalm heim, ein Bär steigt in den Lachsfluss und fischt, Hunde paaren sich, Singschwäne fliegen tausende von Kilometern zum Brüten nach Island, Amöben verschlingen Partikel, Moleküle verbinden sich mit anderen.

Was treibt sie an? Wollen die alle das? Was ist „Wille"?

Irgendetwas in ihrem Inneren treibt sie dazu an. Es gibt offensichtlich einen Mechanismus, der eine Reaktion auf eine Wahrnehmung hin auslöst, gleich ob es sich um Fressen, Flucht, Angriff oder Ruhen handelt.

Wie und mit welchen Informationen arbeitet dieser Entscheidungsprozess?

Lebewesen mit Wahrnehmung müssen mit 2 Klassen von Informationen umgehen, die immer paarweise zusammengehören:

- *Sachverhalte, Fakten aus der Umgebung*, wie optische, akustische, geschmackliche, Temperatur- und Geruchs – orientierte Szenen, Umgebungsmerkmale, Ortsinformationen, Aussehen und Verhalten anderer Lebewesen und

- *Nützlichkeitsinformationen,* die unmittelbar mit jeder Sachinformation verknüpft sein müssen und Auskunft darüber geben, was der Sachverhalt für das Lebewesen *bedeutet*: Wie schmackhaft, wie ungefährlich, wie sicher, wie gefährlich er ist. Dieser Informationstyp sei *Nützlichkeitsindex* genannt und er kann mehr als *einen* Wert enthalten. Er bewertet die Sachinformation.

Wie nützlich, wie gefährlich ist ein Wasserloch? Wie vorteilhaft, wie bedrohlich ist es für eine Hyäne, sich der Beute eines Löwen zu nähern? Wie angenehm ist der Fortpflanzungsakt?

Ohne Nützlichkeitsindex hat eine Sachverhalt- Wahrnehmung für ein Lebewesen keinen Wert: Es kann nicht entscheiden, welche Reaktion es ergreifen soll.

Der Verarbeitungsprozess im Inneren eines Lebewesens zur Erzeugung einer Reaktion funktioniert dann so:

- Eine oder mehrere *aktuelle* Wahrnehmungen werden mit *gespeicherten* Wahrnehmungen verglichen.
- Stimmen Merkmale der aktuellen Wahrnehmung mit Merkmalen gespeicherter Erfahrungen überein, so werden die *gespeicherten* Nützlichkeitsindices dieser übereinstimmenden Merkmale hergenommen und ...
- ... ein Gesamt-Nützlichkeitsindex errechnet, der schließlich das *Reaktionsprogramm* aufruft und auslöst. Die Reaktion selbst wird durch chemische Steuerung umgesetzt.

Das muss auch für die einfachsten Organismen gelten, selbst wenn sie nur über einen einzigen Sensor verfügen und keinerlei individuelle Lernfähigkeit besitzen: Irrelevant oder Beute?

Ein sehr gutes Beispiel für einen nicht lernfähigen Organismus ist wieder eine einfache Spinne:

Will sie ein Netz bauen, obendrein an einer ganz bestimmten Stelle? Will sie eine Fliege fangen und dann ihre Eier darin ablegen? Hat sie einen Willen?

In der Spinne arbeitet genau dieser eben beschriebene Entscheidungsmechanismus: Mit Hilfe gespeicherter Erkennungsmerkmale erkennt er einen hell- dunkel Übergang in einer Hausecke und errechnet mit Hilfe des Nützlichkeitsindex, dass das der richtige Ort ist. Es wird das Programm *Netzbau* mit vielen Unterprogrammen aufgerufen und ausgeführt.

Später erkennt die Spinne mit Hilfe anderer gespeicherter Merkmale, dass eine gefangene Fliege im Netz zittert: Wieder ist es ein errechneter Nützlichkeitsindex, der Programme zur Nahrungsaufnahme oder Eiablage aufruft und auslöst.

Von außen sieht das so aus, als ob die Spinne das alles so machen *will*. Ein Bewusstsein und Lernfähigkeit hat sie aber nicht. Aber einen Willen. Nur weiß sie darüber nicht Bescheid.

Eine Alternative zum gebildeten Willen hat ein *unbewusstes* Lebewesen *nicht*: Kennt es doch im Inneren nur *einen* unbewussten Entscheidungsmechanismus, der *ein* Ergebnis liefert, das der Organismus für richtig halten muss und daher auch umsetzt.

So reagieren auch die meisten Menschen, trotz Bewusstsein, Intelligenz und Bildung: In Ihnen entstehen aus aktuellen Wahrnehmungen und gespeicherten Erfahrungen Gefühle, die zu Meinungen und Ansichten führen, die sie für richtig halten. Gegenüber anderen Argumentationen, die sie für Angriffe halten, entstehen andere Gefühle: Als Folge verteidigen und verschließen sie sich.

Menschen nehmen den Nützlichkeitsindex und den Zustand, den er über die chemische Steuerung auslöst *bewusst wahr*. Sie erleben dadurch ein Gefühl, das dann die Reaktion hervorruft: Freude, Glück, Ruhe, Unruhe, Aggression, Angst, Unterwürfigkeit, Trauer.

Gehen Sie davon aus, dass unsere durch den Nützlichkeitsindex hervorgerufene chemische Steuerung, mit jener hoch entwickelter Tiere weitgehend identisch ist. Der Unterschied liegt nur in unserer bewussten Wahrnehmung der Nützlichkeiten als Gefühl.

> Ein Gefühl ist
> die bewusste Wahrnehmung des Nützlichkeitsindex.

Prüfen Sie selbst:

Wir spüren und fühlen etwas, bevor wir reagieren: Vorsichtig weitergehen, schnell jemanden anrufen, Essen gehen, alle Sinne in die Dunkelheit des nächtlichen Parks richten, sich glücklich zurück lehnen etc. Und viele Gefühle sind so stark, dass wir Reaktionen darauf nicht kontrollieren können: Tränen auf Rührung, Panik auf Angst.

Gefühl nehmen wir ab hier als die Repräsentation des Nützlichkeitsindex hoch entwickelter Lebewesen wie dem Menschen. Und wir nehmen es als Auslöser des Willens, als wichtigster Teil der Willensbildung.

Wille: Auswahl und Auslösung von Reaktionsmustern

Das ist wesentlich mehr als nur eine These. Wenn nur davon ausgegangen wird, dass *genetisch gespeicherte* Wahrnehmungsmerkmale in gleicher Weise dem Rechenprozess zugeführt werden können, wie solche aus *individuell lernfähigen* Speicherzellen, dann ist es der gleiche Entscheidungsprozess von einfachsten bis zu komplexesten Wesen, der zur Reaktion führt. Unabhängig davon, ob es ein Bewusstsein gibt oder nicht.

Dann gibt es bei allen Organismen eine Willensbildung.

Der Unterschied der Willensbildung zwischen sehr einfachen, nicht lernfähigen Organismen und sehr hoch entwickelten, lernfähigen unbewussten Tieren ist nur die Menge und der Detaillierungsgrad individuell gespeicherter Informationen:

> Diener, Sklave und Verstärker der unbewussten Antriebe - weil das die Replikationsbilanz steigert.

Wir Menschen mögen nicht gerne so mechanistisch vereinfacht werden: Unsere bewusst wahrgenommenen GVK- Antriebe wollen uns auch gerne zu etwas Besserem, Privilegierten, Höheren machen. Das Tabuisieren sachlicher Argumente zu Gunsten unseres Gefühlslebens würde aber bedeuten, die Ado Gefühle in uns dominieren zu lassen. Unser Geist stünde dann im Dienst unserer tiefen Antriebe, er wäre nicht frei.

Im folgenden Bild ist noch mal grafisch skizziert, wie in einem beliebigen Lebewesen, natürlich auch dem Menschen, der Anstoß zu einer Reaktion samt Lernvorgang funktioniert: Der Willensgenerator ist als Prozessrechner dargestellt.

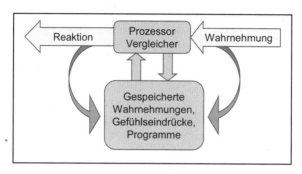

Die aktuelle, neue Wahrnehmung (dicker Pfeil) muss im Innern eines Wesens mit gespeicherten Wahrnehmungen, also Erfahrungen, verglichen werden. Dazu sucht der Prozessor nach ähnlichen, gespeicherten Wahrnehmungen und vergleicht und verknüpft sie mit den aktuellen. Ob die gespeicherten Erfahrungen in *vererbten artspezifischen* oder in *individuell gelernten* Neuronen- und Synapsen-Strukturen gespeichert sind, ist dabei egal.

Hat der Vergleicher die aktuelle Wahrnehmung an Hand der im Gedächtnis gespeicherten Erfahrungen identifiziert, verknüpft er anschließend die zu den passenden Erfahrungen gehörigen Nützlichkeits- Indices zu einem Ergebnis- Index.

Der wiederum löst dann das dazu am besten passende Reaktionsmuster aus. Das von außen sichtbare Ergebnis am Ende des Prozesses ist die Reaktion.

Die beiden gekrümmten Pfeile im Bild deuten an, dass jede Wahrnehmung *und* jede Reaktion zu einer neuen Abspeicherung von Erfahrungen führen kann, meistens auch dazu führt.

Es sind die Lernmechanismen.

Ohne explizite Bewusstheit über solche Zusammenhänge und ohne gespeicherte Alternative muss *auch der Mensch* seinem genetisch programmierten Antrieb, seiner hoch entwickelten Willensbildung folgen wie eine programmierte Maschine. Und er ist von der Richtigkeit und Notwendigkeit seiner Entscheidung völlig überzeugt, auch wenn er objektiv komplett daneben liegt. Zwangsläufig!

Das ist eine fundamentaler Aussage!

Es klingt hart und vielleicht auch abwertend, ist aber wirklich nur sachlich gemeint:

> Ein Mensch mit gering entwickelter Bewusstheit wird sich wie
> ein unbewusstes Wesen entscheiden
> und überzeugt davon sein,
> dass er sich frei und richtig entschieden hat -
> auch wenn er völlig falsch liegt.

Die gefundene Reaktion kann verkehrt sein

Bei jeder inneren Entscheidung kann ja nur die eigene Erfahrung über Sachverhalte mit Gefühlsindex heran gezogen werden. Und man kann sie auch nur für richtig halten, weil innen ja nichts anderes existiert.

Diese eigenen Erfahrungen können aber lückenhaft oder gar verkehrt sein. Schließlich bauen die meisten Erfahrungen nur auf einer kurzzeitigen, momentanen Wahrnehmung auf. Und sie wurden beim *damaligen Abspeichern* mit der damaligen, eigenen Geisteshaltung bewertet, deren Fundament die GVK sind.

> Wer von uns kann schon sagen, dass in seinem Gedächtnis
> nur objektiv richtige Informationen liegen?

Einem eher unbewusst agierenden Mensch ist dieser Zusammenhang aber nicht bewusst. Also hält er seine Erfahrung für richtig. Eigene Subjektivität kann Ado nicht erkennen.

Ein bewusster Mensch wie Ebe würde stattdessen sagen: Das ist meine Sicht und meine Entscheidung. Ich weiß, dass sie auch verkehrt sein kann. Wo vermutest du bei mir einen Denkfehler?

Das allerdings ist nur dann möglich, wenn im Lernturm auch abgespeichert ist, dass man sich irren kann und dass es eine mentale Stärke sein kann, das zuzugeben:

Mentale Stärke: Ein herausragendes Merkmal einer wirklichen Persönlichkeit.

Archaische Antriebe dominieren die Willensbildung

Unbewusste Tiere bewerten und interpretieren alle Sachwahrnehmungen und ihre Nützlichkeit mit der Geisteshaltung der GVK: Sind sie für den Egozentriker von Vorteil?

Das gilt ausnahmslos auch für Menschen, wenn sie darüber keine oder nur gering entwickelte *Bewusstheit* haben.

Ein nur schwach bewusster Mensch wird als Ado auf Wahrnehmungen und Antriebe reagieren, entsprechend seiner genetischen Programmierung, auch wenn er lesen, schreiben und Differentialgleichungen lösen kann. Intelligenz allein ist keine hinreichende Antwort. Kulturelle Normen können das ein wenig abmildern.

Demgegenüber weiß ein völlig bewusster Mensch, wie Wille entsteht. Er versteht, wie Menschen prinzipiell funktionieren, sieht, welche eigenen, genetisch programmierten Antriebe gerade *was* anstoßen wollen. Er erkennt den Ursprung seiner Gefühlslage und sieht dann auch seine Handlungsalternativen. Er hat dann auch die Chance zu einer freien Willensbildung.

Wann ist der Wille eines Menschen also frei?

Wenn unser *bauartbedingtes* Gefühlsleben, erzeugt durch die GVK, vorwiegend unsere täglichen Entscheidungen trifft, liegt eigentlich kein freier Wille vor: Die Willensbildung ist an die GVK gefesselt, die uns keine Freiheit lassen wollen. Und so funktioniert ja die Willensbildung jedes unbewussten Lebewesens.

Auch dass wir von der Richtigkeit unserer Entscheidung, die unser Gefühlsleben getroffen hat, felsenfest überzeugt sind, unterscheidet uns nicht wirklich von Tieren. Für Tiere ist das ja typisch und zwangsläufig.

125

Unser Bewusstsein gaukelt uns Willensfreiheit vor, weil Menschen ihren Willen bewusst wahrnehmen. Sie nehmen auch ihr Gefühl bewusst wahr und die Entscheidung, die ihr Willensgenerator bereits getroffen hat. Und weil das in ihnen drinnen geschieht, denken sie, dass sie diese Entscheidung innen ganz frei, selbst und bewusst getroffen haben - was ja nicht ganz falsch ist.

Die meisten Entscheidungen werden also nicht durch unseren bewussten Geist unter Hinzuziehen auch sozialer Alternativen getroffen, sondern als Ergebnis unserer unbewussten Antriebe des Ado in uns. Das Bewusstsein hilft uns also nur, die Entscheidung unseres Gefühlslebens wahrzunehmen.

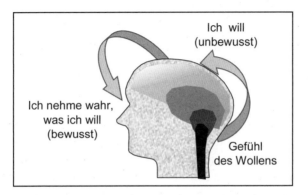

Wie gesagt: Das ist noch lange kein freier Wille.

Was ist dann in Wahrheit wohl damit gemeint, dass Menschen einen freien Willen haben?

Ein freier Wille ist erst dann gegeben, wenn ein Mensch bewusst *gegen* sein GVK- Gefühlsleben entscheiden *kann* und wenn er dazu überlegt und im gesellschaftlichen Sinne abgewogen hat. Wenn er echte Alternativen zu seiner natürlichen, egozentrischen ausgewogen und fair bewerten kann.

Und es soll noch mal hervorgehoben sein, dass die Fähigkeit zu Ebe-Alternativen zusätzlich zum immer vorhandenen Ado- Antrieben eine Voraussetzung zu einem freien Willen ist. Dann erst kann sich ein *Eigenantrieb* aus einem *anderen als dem archaischen Verständnis* heraus entwickeln.

Dann ist man auch nicht mehr reiner archaischer Egozentriker.

Wenn sich ein Mensch, ein Lebewesen, auf eine Provokation hin entweder für Angriff oder für Flucht entscheidet, so ist das im vorgenannten Sinn keine freie Entscheidung: Beide Alternativen sind durch die GVK getrieben, durch angeborene Verhaltensweisen.

Die nicht angeborene dritte Verhaltensweise wäre beispielsweise die direkte, freundliche Auseinandersetzung mit dem Provokateur: Die Handreichung. Sie kostet erheblich mehr Kraft und Klugheit und sie funktioniert nicht immer!

Der Schlüssel ist also weit mehr als nur Bewusstsein: Es ist *Bewusstheit*: Ein höherer *Entwicklungsgrad* unseres Bewusstseins. Ebe lässt uns erkennen, was unser tiefer archaischer Ado gerade mit uns machen will und nur er schlägt Alternativen vor.

Solche Bewusstheit über den *Grad* unseres Bewusstseins, könnte als Maß für die Frage angesehen werden, ob Menschen einen freien Willen haben.

Übrigens nicht perfekt, weil die GVK eine unbändige Kraft entwickeln, der man sich oft nicht widersetzen kann und weil Reflexe und Instinkte ohnehin schneller sind als bewusste Reaktionen.

Wäre noch zu ergänzen, dass die menschliche Denkfähigkeit, das Abstraktionsvermögen und die Analytik Wünsche und Vorstellungen entwickeln können, die das Gefühl des Wollens modifizieren können.

So auch Moral:

Moral sind meist den GVK entgegen gerichtete Sachverhalte und damit verbundene angenehme oder unangenehme *Sanktionen*: Gefühlseindrücke.

- Wenn du stiehlst, kommst du in das Gefängnis: Dann stehle ich lieber nicht.
- Wenn du lügst, mag dich niemand mehr: Dann lüge ich lieber nicht.

Moral, Gesetze, Gebote sind *Fremdantriebe* mit Sanktionen, die mit unangenehmen Gefühlseindrücken verbunden sind. Das durch einen *Eigenantrieb* zu ergänzen, ist genau die Wirkung des Schlüssels der Bewusstheit über primitive Antriebe - sofern genügend viele Menschen das so erkennen.

Es zeichnet eine Persönlichkeit aus, sich gegen den starken, inneren GVK Antrieb stemmen und entscheiden zu können: Für partnerschaftliche, gesellschaftsorientierte Entscheidungen statt egozentrischer.

Zusammenfassung

> Ein Mensch mit Bewusstsein hat nicht von Natur aus einen freien Willen. Es gehören Bewusstheit und ethische Entwicklung dazu. Gefühlsmäßig reagierende Menschen deklarieren jede ihrer Entscheidungen als frei,
> nur weil sie ihnen bewusst sind.

und

> So genannter freier Wille ist meist nur
> das bewusste Erleben des Gefühls des Wollens.

Im Kontext der Willensbildung unterscheiden uns somit eigentlich nur zwei Aspekte von hoch entwickelten Tieren:

- Die *Wahrnehmung* dieses Gefühls des Wollens und

- Die Fähigkeit zu *GVK- Alternativen*, sofern die Voraussetzungen dazu entwickelt und gelernt wurden.

Der eigentliche Entstehungsprozess der Willensbildung dürfte insbesondere bei hoch entwickelten Säugetieren identisch sein.

Das sollte jedem Menschen wirklich bewusst sein, wenn er die Behandlung und Verarbeitung von Tieren als Nahrungsmittel bedenkt. Es sollte auch bewusst sein, was Tiere empfinden, denen Freiheit und Lebensraum gewaltsam genommen wird.

Persönlichkeiten verhalten sich hierbei nicht wie Ado!

Geschlechterverhalten

Für wirkliche Persönlichkeiten, gleich ob Mann oder Frau sind volle gegenseitige Anerkennung, Gleichberechtigung und Respekt eine Selbstverständlichkeit. Sie überwinden leicht die aus der Evolution stammende männliche Dominanz, auch weil Ihr Geist die primitivsten Antriebe im Menschen bewusst kontrollieren kann.

Frauen wie Männer besitzen grundsätzlich die gleiche Verhaltensmaschinerie der GVK. Sie sind genetisch so gut wie identisch. Allerdings sind die Einstellwerte der verschiedenen GVK- Stellschrauben bei beiden Geschlechtern durchaus verschieden.

Stellen Sie sich ein typisches Auto als Chromosomensatz vor: Es gibt beispielsweise Gene für den Motor, das Fahrwerk, die Federung, die Räder und die Karosserie. Und es gibt Stellschrauben, über die diese Merkmale variiert werden können.

Für das männliche Auto werden die Stellschrauben auf hohe Motorleistung, harte Federung, Tieferlegung, Breitreifen und zwei Türen justiert. Das weibliche Auto hat einen sparsamen Motor mit geringer Lautstärke, ein automatisches Getriebe, ein komfortables Fahrwerk mit weicher Federung und die Karosserie zeichnet sich durch vier Seitentüren mit großer Heckklappe aus. Natürlich: Die Parkhilfe für das Einparken ist serienmäßig.

Die Geschlechtshormone Testosteron beim Mann und Östrogene bei der Frau steuern nicht nur die Entwicklung der inneren und äußeren Geschlechtsorgane, sie stellen auch die Stellschrauben einiger GVK auf unterschiedliche Einstellwerte.

Die auffälligsten Unterschiede liegen bei *den* GVK vor, die für die Fortpflanzung und dann für die Nachwuchs- Fürsorgephase besonders bedeutsam sind.

Testosteron macht aggressiver, kampfeslustiger und rücksichtsloser, was für Nahrungsbeschaffung und Verteidigung gegenüber Angreifern vorteilhaft ist. Es nützt direkt und indirekt auch der Eroberung von Weibchen, weil jene auf körperliche Stärke Resonanz zeigen. Auch der Zeugungsantrieb und das Eroberungsverhalten wird durch Testosteron auf hohe Werte eingestellt.

Östrogene stellen eher das Sicherheitsbedürfnis auf höhere Werte, die Nachwuchspflege und insbesondere die Bereitschaft zur Fortpflanzung. Die altruistische Komponente ist, vor allem wegen der größeren Nähe zu Geburt und Nachwuchspflege, auf höhere Werte eingestellt. Das dürfte auch der Grund für die größere Wahrnehmungs- Sensibilität für das Gefühlsleben anderer sein: Kinder, Männer oder Frauen. Als Konsequenz hieraus entstehen bei Frauen wohl auch die eher gefühlsgesteuerten, emotionalen Reaktionen und das höhere Kommunikationsbedürfnis samt zugehöriger Kommunikationsfähigkeiten.

Und die hormonelle Steuerung beider Geschlechter erzeugt auch die gegenseitige Resonanz, also Interesse für die jeweils andersgeschlechtliche Ausformung. Natürlich tragen dazu auch Sexual-Lockstoffe bei: Die Pheromone.

Das Streben nach körperlicher Stärke (GVK) einerseits und das Rangordnungsverhalten (GVK) andererseits führt zur Dominanz der Männchen und zur Unterordnung der Weibchen, wie bei den meisten großen Säugetieren.

Mit dem entstehenden Bewusstsein der Menschen darüber und vor allem auch aus dem empirisch gewonnenen Eindruck, dass die Frau nur der Mutterboden für den Samen des Mannes sei, entwickelten sich schließlich die gelernten kulturellen Unterschiede der Geschlechter: Die Dominanz der Männer.

Es muss eigentlich nicht besonders herausgehoben werden, dass das gleichgeschlechtliche Verhalten, also Mann gegenüber Mann bzw. Frau gegenüber Frau sich von dem *zwischen* den Geschlechtern deutlich unterscheidet:

Innerhalb des gleichen Geschlechts treiben die GVK eher zur *Konkurrenz* an, zwischen den Geschlechtern eher zur Resonanz und gegenseitigen *Eroberung*.

Geschlechterverhalten

Ado gesteuerte Männer werden so zu Machos, Ado gesteuerte Frauen eher zu Zicken.

Zum Geburtszeitpunkt sind solche Unterschiede zwangsläufig noch sehr gering, werden aber nach ein paar Lebensjahren zunehmend besser erkennbar. Etwa mit der Pubertät nehmen die Parameter die Einstellwerte des späteren Erwachsenen ein.

Eine Persönlichkeitsentwicklung von Kindern zu Frauen und Männern muss also nicht nur zum Ziel haben, das EG zur Kompensation des AG in den Lernturm einzubauen, es muss auch die Geschlechterunterschiede bei Wahrnehmungssensibilität und Reaktionen, also im gesamten Verhalten hinreichend vermitteln, um gegenseitiges Verständnis zu fördern.

Dabei ist es ganz wichtig, das dahinter liegende Prinzip der geschlechtsspezifischen Erziehung und Bildung zu verstehen:

Zum Geburtszeitpunkt gibt es noch keine geschlechtsspezifische Erziehung. Das sollte in den ersten Lebensjahren auch so bleiben, vielleicht bis zum Zeitpunkt des Schulbeginns.

Es ist sicher nicht zu empfehlen, eine weibliche oder männliche Konditionierung durch die Eltern bereits in den ersten 6 Lebensjahren zu starten: Die einen mit rosa Kleidchen, Puppen und im Hause behütet und die anderen mit Holzwaffen, Spielpanzern und dem Privileg, um den Block herum zu toben. Es ist völlig überflüssig und eher schädlich, solche Rollenverständnisse frühzeitig zu vermitteln.

Wenn sich die biologischen Unterschiede mehr und mehr entwickeln, sollte die Bewusstheit über die oben genannten, biologisch begründeten Verhaltensunterschiede vermittelt, gefördert und kontinuierlich angehoben werden.

Ab der beginnenden Jugendzeit sollten Eltern und Lehrkräfte weniger auf die körperlichen Unterschiede der Geschlechter eingehen, was natürlich auch geschehen sollte, als viel mehr auf Verhaltensaspekte. Wie empfinden Mädchen und Frauen im Gegensatz zu Jungen und Männern? Diese Frage sollten Mädchen und Jungen möglichst ohne Vorkonditionierung besprechen und später auch beantworten können.

Die Erwachsenen haben eine Pflicht, jungen Menschen zu vermitteln und sie auch darin zu trainieren, dass sie die Kriterien für Persönlichkeit erkennen und damit umgehen können. Sie müssen in die

Lage versetzt werden, ihre künftigen Partner so zu erleben, dass Beziehungen ein Leben lang halten. Ohne solches „Training" werden die sexuellen Anreize den vernünftigen Blick so stark überlagern, dass es eher Zufall ist, ob eine Lebenspartnerschaft wirklich hält. .

Zum Zeitpunkt der Pubertät, der Geschlechtsreife müssen jungen Bürgern die Verhaltensunterschiede vollständig bewusst sein. Dann kann man mit Recht von Persönlichkeiten sprechen.

Das müssen Schulen leisten, etwa bis zum 16. Lebensjahr.

Frauen wie Männer können dann die biologisch begründeten Verhaltensunterschiede erkennen, achten und gegenseitig tolerieren.

Zeitliche Lernfenster

Erwachsene, noch bevor sie Eltern werden, sollten ein Bild davon haben, wie und was ein Mensch ab Geburt lernt. Eine Persönlichkeit wird ab Geburt geformt, weil die Fundamente zu den höheren Lernschichten in der Prägephase gelegt werden.

Die Lernschichten lernen zu verschiedenen Zeiten

Schon mit der Einführung der Schichten des Lernturms wurden damit verbundene Lernphasen und Lernzeiträume erwähnt. Das soll jetzt nochmal etwas tiefer betrachtet und dargestellt werden.

Das folgende Bild zeigt - zusammen mit dem Lernturm - in welcher Phase des Lebens welche Schicht bevorzugt lernt.

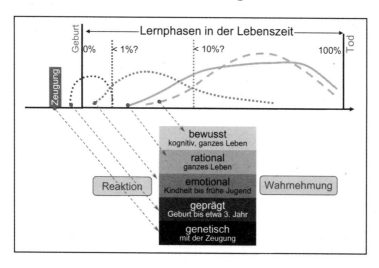

Das Diagramm in der oberen Bildhälfte zeigt horizontal die Lebenszeit eines Menschen zwischen 0 % = Geburt und 100% = Tod. Die durchgezogenen Kurven skizzieren *qualitativ* die Dauer der drei Lernphasen *geprägt, emotional* und *rational*. Die gepunktete Kurve deutet die Bewusstseinsentwicklung an.

Qualitativ bedeutet, dass wirkliche quantitative Aussagen über die Dauer der Lernphasen heute kaum existieren, weil man mit Menschen nicht wirklich experimentieren kann, wie beispielsweise mit Katzen oder Lämmern.

Überträgt man aber derartige Untersuchungen von hoch entwickelten Säugetieren auf Menschen, so dürfte das Bild qualitativ zutreffend sein. Das genügt für unsere Zwecke.

Die genetische Lernphase

Links vom Geburtszeitpunkt, 9 Monate vor der Geburt, ist der Zeitpunkt der Zeugung des neuen Menschen dargestellt. Zu diesem Zeitpunkt wird der Mensch in seiner gesamten Struktur, samt der Grundfähigkeiten seines Gehirns *festgelegt*. Der Lerninhalt der *genetischen* Schicht des Lernturms, in den Chromosomen, ist mit der Verschmelzung von Eizelle und Spermium fertig: Die Lernphase ist dann auch sofort *beendet*, sie hat *ausgelernt*. Das neu angelegte Individuum lernt in wenigen Sekunden das *Konzentrat* dessen, was Milliarden früherer Generationen optimiert haben:

- Das sind die *Grundverhaltenskomponenten* GVK unbewusster Lebewesen, die auch im Menschen verankert sind.
- Und es sind die Nischen- spezifischen Verhaltensmuster: Anpassungen der GVK an die ursprünglichen Lebensnischen unserer menschlichen Vorfahren.

Die genetisch programmierten GVK und Verhaltensmuster werden im Gehirn auf biologische Speicher- und Verarbeitungsstrukturen abgebildet, auf Neuronen und Synapsen- Netzwerke. Diese Strukturen sind so stabil, dass sie als lebenslang unveränderlich angesehen werden dürfen.

Dazu gehören auch solche *veranlagten* Steuerungsstrukturen, die ab Geburt benutzt und trainiert werden müssen, damit sie ihre

Funktion entfalten und nicht verkümmern. Insbesondere die Feinmotorik gehört dazu. Die Steuerungsstrukturen repräsentieren sowohl Speicher wie auch *Prozessoren* und *Programme*.

Wenn ein Kind geboren wird, so sind praktisch nur die GVK und die Nischenverhaltensmuster im Lernturm als Lerninhalte vorhanden. Der restliche Lernturm ist so gut wie leer - sieht man vom vorgeburtlichen individuellen Lernen einmal ab.

Die prägende Lernphase

Die über der genetischen Schicht liegende *Prägeschicht* eines Menschen beginnt bereits vor der Geburt zu lernen, im Bauch der Mutter.

Es konnte durch kluge Untersuchungen gezeigt werden, dass ein eben geborenes Kind bereits Geschmacks- und Geruchserinnerungen haben kann, die es vor Geburt gelernt haben muss. Auch für akustische Signale konnte das gezeigt werden. Natürlich müssen für solche vorgeburtlichen Lernvorgänge Neuronen und Synapsen, aber auch Wahrnehmungsorgane soweit entwickelt sein, dass Wahrnehmung und Speicherung wenigstens rudimentär funktionieren.

Mit guten Begründungen und hoher Wahrscheinlichkeit dürfen wir annehmen, dass die Prägephase höchstens um 1% bis 2% der typischen Lebenszeit eines heutigen Menschen dauert: Das wären etwa 0,8 – 1,5 Jahre. Möglicherweise deckt sich das mit der Entwicklung des Bewusstseins. Wir tun gut daran anzunehmen, dass diese Lernphase nicht länger als 18 Monate ab Geburt anhält. Sie endet bei Vögeln und Säugetieren relativ hart. Auch an Katzen und Lämmern wurden solche Untersuchungen durchgeführt und ein relativ hartes Ende solcher Lernphasen beobachtet.

Das Lernen in der Prägephase ist stark verschieden vom Lernen danach: Es geschieht ohne Belohnung oder Sanktionen und besonders schnell und effektiv. Es können sogar Verhaltensweisen gelernt werden, zu denen der junge Organismus selbst noch gar nicht in der Lage ist[24].

---

[24] Aus *Tierexperimenten, z.B. im Sexualverhalten.*

Selbst für Tiefenpsychologen ist diese Schicht später *so gut wie nicht mehr zugänglich*. Die Stabilität der speichernden Netzwerke scheint sehr hoch zu sein, vergleichbar mit der Unveränderbarkeit der genetischen Programmierung.

Innerhalb der Prägephase, die unter Verhaltenswissenschaftlern auch *sensible* oder *kritische* Phase genannt wird, existieren auch spezifische Lernbereiche: *Inhaltliche Lernfenster*, die mit wichtigen Grundbedürfnissen zusammenhängen: Mit den GVK.

- Für einen eben geborenen Menschen sind die wichtigsten Lerninhalte jene, die mit *Sicherheit, Versorgung* und *Vertrauen* zu tun haben: Sie bilden das Fundament der *Beziehungen* zur Mutter. Die angenehmen, wohligen Berührungen am ganzen Körper dürften dabei auch eine Grundlage zur *Sexualität* des noch kleinen Menschen bedeuten. Auch darf man davon ausgehen, dass auch *Konzentrations-* und *Aufnahmefähigkeit* in dieser Phase bereits ihre Wurzel haben: Möglichst lang andauernde Beschäftigung mit einer Sache und erst bei Interesseverlust die Abwechslung: Ein wichtiger Aspekt der Lernfähigkeit. Die Balance zwischen Freiheit und Beschränkung kann in diesem Alter bereits durch Rituale, regelmäßig gleiche Vorgänge, gut gelernt werden. Das alles wird durch die Mutter, dann die Eltern und Verwandten intuitiv vermittelt – oder eben nicht.

- Zur Entwicklung von Intelligenz, Kombinationsfähigkeit und Kreativität gehört der weitere Ausbau der *Grundvernetzung* der Gehirnzellen, der in diesem Zeitraum stattfindet. Die grundsätzliche neuronale und synaptische Vernetzung der Wahrnehmungs- und Reaktionsorgane, auch untereinander, kann in der Prägephase ganz erheblich *gefördert oder vernachlässigt* werden. Der Grad solcher Vernetzung hat einen erheblichen Einfluss auf Kombinationsfähigkeit und Intelligenz des künftigen Menschen. Auch dieser Zusammenhang ist in der heutigen Gesellschaft noch kaum bewusst wahrgenommen oder gar umgesetzt.

Diese beiden herausragenden Komplexe sollen besonders betont sein: Die *Grundlagen der Sozialkompetenz* und die *Grundlagen von Intelligenz und Kombinationsfähigkeit*. Beide sind für Kleinkinder in der heutigen Gesellschaft noch ganz erheblich unterschätzt:

Die Prägephase stellt ganz sicher den *wichtigsten beeinflussbaren* Teil unseres Lern- und Verhaltens- *Fundaments* dar: Die Förderung der Lernfähigkeit. Das ist wohl in der Wissenschaft, nicht aber in Gesellschaft und Politik bekannt oder berücksichtigt.

Stattdessen gelten die ersten Erziehungsjahre als Hoheitsgebiet der Eltern, obwohl die wenigsten von ihnen auch nur halbwegs hinreichende Kenntnisse in der Erziehung haben.

Wer Kinder bei Eintritt in den Kindergarten oder in die Grundschule kritisch ansieht, erkennt bereits eine große Variationsbreite von Intelligenz und Sozialverhalten. Und wer das mit den entsprechenden Eltern verknüpft, erkennt ganz erhebliche Zusammenhänge, die wiederum viel mehr mit Sozialkompetenz der Eltern als mit Finanzspielraum oder Fachbildung zu tun haben.

Aus Unkenntnis über Existenz und Bedeutung der Prägephase meinen die meisten Eltern, die Unterschiede hingen mit Veranlagung, also mit Erbgut zusammen. Das ist ein fataler Irrtum.

Um einem weiteren Irrtum vorzubeugen: Zwischen diesen Zeilen ist nicht der Ruf nach regulierendem Eingriff des Staates versteckt, sondern der Ruf nach Informationen für Eltern und nach Bildungsthemen für Jugendliche, bevor sie Eltern werden. Die Verantwortung soll bei den Eltern bleiben, nur sollen sie besser ausgerüstet werden.

Auch die Steuerung der Feinmotorik wird in der Prägephase angelegt, nichts anderes als die detaillierte Vernetzungen von Neuronen und Synapsen, welche sowohl die Muskelsteuerung wie auch die Sensorik dieser Motorik betrifft.

In der Prägephase stehen die egozentrischen Bedürfnisse des kleinen Menschenkinds
mit großem Abstand im Vordergrund:
Es geht um das ICH des neuen Menschen.

Die emotionale Lernphase

Die *emotionale Lernphase* beginnt überlappend mit der Prägephase und nimmt nach der vorherrschenden Meinung der Verhaltensforschung etwa zwischen dem 8. und 10. Lebensjahr, noch mehr nach der Pubertät deutlich ab. Ihr Maximum dürfte in der Kindergartenzeit liegen. Auch hier besteht sicher noch Untersuchungsbedarf.

Auf dem Fundament der in der Prägephase vermittelten eigenen Bedürfnisse und den Grundelementen der Beziehungen zu anderen Menschen lernt diese Schicht Empfindungen, Gefühle und Werte für Vorgänge *zwischen* Menschen und in der Gesellschaft. Biologisch gesehen sind es Nützlichkeitsinformationen, die über die egozentrischen der GVK hinausgehen.

Die emotionale Lernphase ist der beste Zeitraum, um Rücksicht, Mitleid, Trauer, Freude, Glück, Euphorie, Begeisterung, Freundlichkeit, Geben und Nehmen, Dankbarkeit, Hilfsbereitschaft und Vertrauen zu lernen. Auch Moral, Kulturelemente, Gastfreundschaft, Toleranz, Friedfertigkeit können und müssen in dieser Zeit vermittelt werden. In dieser Phase entsteht auch der Umgang mit Zorn und Wut, Neid und Geiz, Elemente des Fundamentalismus und Hass.

Es ist die Schicht der Sozialkompetenz, der emotionalen Intelligenz.

Die Inhalte dieser Schicht bewirken am stärksten die Entstehung von Machos, Angebern, Angsthasen, Mitläufern oder Duckmäusern. Wenn die GVK durch die Inhalte eher *verstärkt* werden, wird mit hoher Wahrscheinlichkeit ein *Macho* entstehen. Wurden die GVK durch die Erziehung der Eltern zu stark *unterdrückt*, so dass kaum Selbstbewusstsein und Selbstsicherheit entstehen, wird mit hoher Wahrscheinlichkeit ein *Angsthase* und *Duckmäuser* entstehen. Mit anderen Worten: In dieser Lernphase kommt es stark auf die *Balance* zwischen *Stärkung* der *GVK* und ihrer *Kontrolle* an.

Sollten nach dieser Lernphase wichtige Korrekturen in dieser Lernschicht nötig sein, ist praktisch immer ein Psychologe erforderlich, meist jedoch nur mit Teilerfolgen.

> In der emotionalen Phase soll
> die Entwicklung von Beziehungen zu anderen Menschen
> und deren Bedürfnissen im Vordergrund stehen:
> Es geht um das ICH und DU.

Die rationale Lernphase

Die *rationale Lernphase, besser Sachwissensphase,* beginnt gleichfalls sehr früh, beim Menschen auch mit der Sprachentwicklung. Hier wird Sachwissen eingespeichert, aber auch Denkweisen, Kombinatorik, Analytik und Ethik. Sie hat noch nichts mit *Vernunft* zu tun, auch wenn hier teilweise der Begriff *rational* verwendet wird.

Die Inhalte dieser Schicht sind gewaltige Mengen an Sachinformationen: Sprache, Hygiene, Kleidung, Nahrung, Umgebung, Natur. Das gesamte Fachwissen, das in Elternhaus, Kindergärten, Schulen und Universitäten vermittelt wird, liegt hier gespeichert. Unser heutiges Schulsystem konzentriert sich praktisch ausschließlich auf diese Lernschicht. Wenn Menschen heute von Lernen und Bildung reden, meinen sie fast immer nur diese Lernschicht: Lesen, Schreiben, Rechnen...

Die Entwicklung der Kommunikationsfähigkeiten sind der zentrale Aspekt dieser Phase: Reden, fragen, antworten, reden und fragen. Den ganzen Tag plappern ohne dass es ein Abwinken gibt. Betrachten Sie Kinder in dieser Phase nicht als Störenfried oder als nicht zufrieden zu stellende Frageautomaten.

Und sie wollen ernst genommen werden: Jede Frage ist aus Kindersicht wichtig und notwendig. Sie erwarten einfache, verständliche, ehrliche, authentische Antworten von ihren Bezugspersonen, selbst wenn es nicht mehr die Eltern sein sollten. Und mit einem abwechslungsreichen, farbigen Wortschatz und vollständigem Satzbau.

Bewusstsein, Bewusstheit

Die Bewusstseinsschicht entsteht in der Regel erst im zweiten Lebensjahr. Es ist die Fähigkeit, sich selbst und die eigenen Handlungen als die eigenen wahrzunehmen.

Lerninhalte dieser Schicht können Inhalte tieferer Schichten kompensieren, meist auch lebenslang. Ethik und Sozialkompetenzen, auch Rücksicht auf andere Menschen, Fairness und Gerechtigkeit sind zu großen Teilen in dieser Schicht verankert - wenn sie gelehrt und wahrgenommen wurden. Diese Schicht kann sich von anderen Sichtweisen *überzeugen* lassen: Allerdings nur dann, wenn es die unteren Lernschichten zulassen.

Grundsätzlich kann in dieser Schicht so viel Bewusstheit über den eigenen Charakter, über die eigene Mentalität, über die eigenen Verhaltens- Funktionsmechanismen erzeugt werden, dass nahezu jeder Aspekt tieferer Schichten in den meisten Situationen kompensiert und kontrolliert werden kann. Das gilt allerdings nur in Fällen, in denen der langsamere rationale Geist die Zeit hat, die eigene Reaktion zu beeinflussen: Tiefere Schichten sind viel schneller, eben reflexartig.

Wenn die bewusste Schicht etwas gegen die tieferen Antriebe entscheidet und durchführt, so *schmerzt* das innen ganz gewaltig. Es kostet enorme Überwindung. Der eigene Ado- Wille will das ja nicht - er wehrt sich mit allem, was er kann. Deshalb reden wir auch oft vom *inneren Schweinehund*, gegen den die Vernunft nicht selten Schwierigkeiten hat, sich durchzusetzen.

Mit fortschreitendem Alter sinkt nicht nur die rationale Lernfähigkeit wieder ab, auch die Bewusstseins- und Bewusstheitskurve. Alternde Menschen werden im Durchschnitt wieder ich- bezogener und weniger tolerant, auch weniger gerecht. Die GVK *brechen* wieder mehr *durch.*

Beispiele für Lernphasen

Stellvertretend für alle Organismen *ohne individuelle Lernfähigkeit* lässt sich wieder eine einfache Spinne betrachten:

Im Moment der Geburt hat sie vollständig ausgelernt. Sie kann ab da, ohne jemals eine andere Spinne, ein Netz, eine Fliege oder ein Fensterkreuz gesehen zu haben ein raffiniertes, höchst kompliziertes Netz an der ertragreichsten Stelle aufhängen und die gefangenen Fliegen genau gleich verarbeiten, wie ihre unmittelbaren Vorfahren auch - ohne sie jemals getroffen zu haben. Und sie kann das alles an ihre Nachkommen weitergeben, auch wenn sie unmittelbar nach der Eiablage stirbt.

Ihr gesamtes Verhalten, ihre Reaktionsprogramme auf Reize sind genetisch programmiert.

Die *Prägephase* untersuchte erstmals Konrad Lorenz an Graugänsen. Er erkannte, dass gerade geschlüpfte Graugänse das Objekt, das sie nach dem Schlüpfen in ihrer nahen Umgebung sich bewegend wahrnehmen, als Mutter ansehen - lebenslang. In aller Regel ist das natürlich eine Graugans. Es kann aber auch ein Mensch sein, wie Konrad Lorenz selbst, ein Schuhkarton oder ein Fußball. Lorenz prägte Grauganskücken tatsächlich auf sich selbst und auf leblose, von ihm bewegte Objekte. Diese Prägung ist so stabil, dass die Tiere das ihr Leben lang nicht vergessen. Bei Grauganskücken kann diese Prägung nur in einem zeitlichen Fenster von wenigen Minuten bis Stunden unmittelbar ab dem Schlüpfen stattfinden, danach nicht mehr.

Umfangreiche Experimente zur Ermittlung von Beginn und Dauer der Prägephase bei Säugetieren wurden auch mit Katzen gemacht.

Man setzte junge Kätzchen einer ersten Testgruppe, sobald sie sehen konnten, für 8 Stunden je Tag in einen Raum, der ausschließlich senkrechte Linien hatte. Die verbleibende Zeit verbrachten sie mit ihren Vergleichsbrüdern und -Schwestern.

Eine zweite Testgruppe wurde für 8 Stunden je Tag in einen Raum gesetzt, der nur horizontale Linien enthielt.

Weitere Vergleichsgruppen ließ man ganz natürlich aufwachsen.

Die Experimente wurden mit sehr vielen Jungkatzen durchgeführt, wobei Beginn und Dauer der Testperioden variiert wurden.

Man fand heraus, dass die optische Prägephase bei Katzen etwa mit dem Zeitpunkt beginnt, zu dem die Kätzchen sehen konnten und etwa um die dritte Lebenswoche endet.

Und was ist mit den Testkatzen geschehen? Die Katzen der Testgruppe, die innerhalb ihrer sensiblen Prägephase im Raum mit senkrechten Streifen aufwuchsen, konnten ihr Leben lang keine Treppe herauf oder herunter gehen. Sie konnten mit stark horizontalen Strukturen nicht umgehen und lernten das auch nie wieder.

Die Testkatzen, die im Raum mit horizontalen Streifen aufwuchsen, konnten ihr Leben lang keinen Baumstamm hochklettern. Sie konnten mit stark senkrechten Strukturen nicht umgehen und lernten es auch nie wieder.

Alle Testkatzen waren erkennbar gleichgewichtsgestört.

Trennt man Lämmer unmittelbar nach der Geburt mehrere Stunden je Tag von der Mutter und der Herde, so bleiben die Tiere ihr Leben lang verhaltensgestört: Sie spielen nicht mit anderen gleich alten Schafen, reiben ihren Kopf nicht an anderen Tieren und stehen zumeist passiv am Rande der Herde. Die Mutter- Kind Beziehung ist nachhaltig gestört.

Offensichtlich lernten sie in ihren ersten Lebenstagen nicht die Fähigkeit, zu artgleichen Lebewesen Vertrauen zu haben: Sie befanden sich eher in einem zweifelnden Zustand zwischen Angst und Vertrauen.

Solche und ähnliche Experimente zeigen, dass in einer kurzen Phase nach der Geburt offensichtlich Fundamentales geschieht: Sowohl über akustische wie über optischen Reize. Mit hoher Wahrscheinlichkeit finden Prägungen auch über die übrigen Wahrnehmungen statt, besonders über den Geruch. Die Wiedererkennung von Eltern bzw. Bezugstieren, Geschwistern, Sippe, Herde dürfte einen großen Anteil haben. So erworbene Neigungen und Abneigungen, auch gegenüber Gerüchen und Geschmack bleiben offensichtlich für immer bestehen.

Auch wenn diese prägende Lernschicht noch nicht komplett untersucht ist, sollten Eltern davon ausgehen, dass das erste Lebensjahr von höchster Bedeutung für die geistige Entwicklung des künftigen Erwachsenen ist.

Inhaltliche Lernfenster

Inhaltliche Lernfenster sind Spannweiten bestimmter Lernthemen, in denen bevorzugt *bestimmte Inhalte* gelernt werden. Sie wirken wie Filter, die interessante Inhalte durch lassen und uninteressante versuchen, auszublenden.

So wird beispielsweise der Tonfall von Eltern übernommen, aber auch die Phoneme[25] (Lautelemente) einer Muttersprache.

Auch *elterliche* Gestik und Mimik sind Lerninhalte innerhalb der Bereiche Gestik und Mimik.

„Na und", könnte man hierzu kommentieren, Tonfall und Gestik, das ist doch egal! Diese Beispiele sollen aber auch nur dokumentieren, dass Fundamentales ohne Verfallsdatum geschieht:

Diese Beispiele sind leicht beobachtbar. Von vielen psychischen Störungen, Lernschwierigkeiten und Verhaltensauffälligkeiten ist heute aber nicht klar, ob ihre Ursachen in der Prägephase liegen.

Wenn also gerade Merkmale des Kommunikationsverhaltens, wie oben, in dieser Phase geprägt werden, sollten wir davon ausgehen, dass wahrscheinlich eine ganze Reihe weiterer Kommunikations- und Beziehungsmerkmale übernommen werden:

Ob man viel oder wenig mit dem Partner redet, in welchem Tonfall, ob es mürrisch, ablehnend oder liebevoll und ausführlich geschieht.

In der Verhaltenswissenschaft werden inhaltliche Lernfenster auch als Beschreibungen der Prägungsformen etwa wie folgend charakterisiert:

- Bei der Objektprägung wird das Tier auf ein bestimmtes Objekt geprägt, etwa auf einen *Artgenossen*.

    Dabei handelt es sich z. B. um *Objektmerkmale* wie Aussehen, Form, Größe, akustische Merkmale, Geruch etc. Kon-

---

[25] Kleinste Einheit einer Sprache, die einen Bedeutungsunterschied darstellt. Es gibt um die 100 verschiedene Phoneme über alle Sprachen hinweg gezählt.

rad Lorenz prägte Graugänse auf einen Schuhkarton oder sich selbst als Muttergans.

- Bei der motorischen Prägung eignet sich das Tier bestimmte Bewegungsabfolgen („Handlungen") an, zum Beispiel bei manchen Vogelarten den Gesang.

  An Buchfinken wurde gezeigt, dass der Gesang der Elternfinken während der Prägephase notwendig ist, damit die Küken die gesamte Gesangvariationsbreite lernen. Unterbindet man das, können die Finken lebenslang nur sehr verarmt wie ein Buchfink zwitschern. Wahrscheinlich werden sie dadurch für spätere Geschlechtspartner unattraktiver.

- Unterscheiden lassen sich ferner u. a. Nachfolgeprägung, sexuelle Prägung, Ortsprägung (Biotop-Prägung) und Nahrungsprägung - allerdings nur innerhalb einer arttypischen Bandbreite.

  Singschwäne werden offensichtlich massiv auf ihren Geburtsort, beispielsweise in Island geprägt. Bei ihrer Rückkehr aus dem Süden finden sie nach tausenden von Flugkilometern doch tatsächlich ihren Nistplatz in Island wieder.

Kinder werden analog auf ihre Eltern geprägt, auf ihre laute oder leise, energische oder sanfte Sprechweise, auf deren Rituale - auch in Verbindung mit dem Kind. Das geschieht völlig unmerklich und intuitiv - innerhalb der zeitlichen Lernfenster.

Die inhaltlichen Lernfenster stehen immer in direktem Bezug zu den GVK. Sie stellen Feinoptimierungen auf kleinste Details der Lebensnische biologischer Lebewesen dar - wie die Merkmale der eigenen Eltern. Ein Tier lernt daher bevorzugt solche Inhalte, die prinzipiell dazu dienen, individuell die Replikationsbilanz zu erhöhen.

Wir Menschen lernen deshalb auch besonders leicht, wie man beispielsweise *stärker* wird, wie man *stärker erscheint*, wie und wo man sich *Nahrung besorgen* kann, wie man sich besser *absichern* kann, wie man *Schwächen* verdeckt, wie man sich Privilegien besorgt, wie man *angreift*, abwehrt, *erobert*, wie man sich *attraktiv* für das andere *Geschlecht* macht, etc.

Würde man das bei einem Menschen ungebremst und ohne Sozialverhalten fördern, so würde ein Macho entstehen mit einer Geisteshaltung, wie es vorne als GVK Geisteshaltung beschrieben wurde: Der ist als Individuum sehr gut lebensfähig: Aufgrund des eigenen Vorteils zu Lasten anderer.

Da sich für einen Neugeborenen praktisch alle Lerninhalte um die GVK drehen, mehr oder weniger, beginnt das Lernen unmittelbar ab Geburt völlig unbemerkt und unbewusst bei Sozialverhalten: Bezugspersonen, Umgebung, Vertrauen, Sicherheit, Kommunikationsaufnahme, gegenseitiges Verstehen sind Aspekte, die zu den grundlegenden Aspekten von Sozialkompetenz gehören - wie bereits skizziert.

Bei genau diesen Themenbereichen sollten Eltern besonders wachsam sein und - altersangepasst - bewusst ein Verhalten entsprechend des Ethischen Grundgesetzes EG *vorleben*. Altersangepasst bedeutet, dass ein Säugling bei den GVK *abgeholt* werden muss.

Gegenüber dem Lernen von *Beziehungen* ist das Lernen von *Sachinhalten* noch viele Monate völlig nachrangig, wenn auch nicht Null: Gesichtszüge, Stimmen, Ortskenntnisse, Zuordnung von Geräuschen zu Personen und Umgebung, das Gefühl von Stoffen, Wasser, Gerüche wie Seife, Cremes etc. Und selbst das alles bewertet das

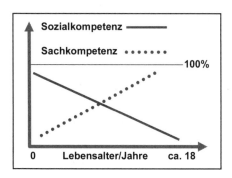

Kind viel eher als Merkmale im Kontext der GVK ....

Das Diagramm soll qualitativ das *Verhältnis* zwischen dem *Lernen* von Sozialverhalten, durchgezogene Linie und dem *Lernen* von Sachverhalten, gepunktete Linie, ab Geburt bis etwa zum Ende der Jugendzeit ausdrücken.

Damit ist vor allem gemeint, dass das Lernen von Sozialkompetenz, das zu Beginn einen Anteil von 100% hatte, im Alter von ca. 18 Jahren abgeschlossen sein sollte. Den meisten Eltern dürfte dieser Zusammenhang nicht wirklich tief bewusst sein.

Die meisten Eltern unterscheiden auch noch zwischen spielen und lernen: Sie wissen nicht wirklich, dass Spielen nichts anderes ist als Lernen, das Spaß macht. Sie nutzen das Spielen oft auch nur wenig zur „Sozialisierung" ihres Kindes.

Für den Moment soll es hier genügen, das inhaltliche Lernen ab Geburt etwa so zu verstehen, wie es das Diagramm qualitativ zeigt. Es soll auch im Moment genügen zu verstehen, dass Kinder *bewusst* zu Sozialverhalten geführt werden müssen, will man aus ihnen Persönlichkeiten entwickeln.

Es ist mir bewusst, dass manche der Leser den Eindruck gewinnen könnten, es ginge hier um die Programmierung von Menschen, als seien es Maschinen. Diesen Eindruck müssten sie aber von jeglicher Erziehung haben: Jegliche Erziehung, intuitiv oder bewusst, ist eine Programmierung und Konditionierung von Menschen. Und wenn das so ist, von uns aber bisher nie so wahrgenommen wurde, dann sollten wir die Dinge doch bewusst besser machen als nur intuitiv - wie unbewusste Organismen.

Warum sollten wir unsere Kinder nicht darauf „programmieren und konditionieren", dass sie weltoffene, freundliche, kommunikative, kritische und rücksichtsvolle Erwachsene werden? Die Kinder haben dadurch Lebensvorteile!

Von alleine läuft das nicht.

Es ist nichts anderes als das Lernen von *emotionaler Intelligenz*, ein Begriff, den Daniel Goleman wohl erstmals so verwendete.

Emotionale Intelligenz zu entwickeln bedeutet nichts anderes als mehr Kontrolle über die unbewussten GVK zu entwickeln, aus Erfahrung oder analytisch bewusst. Je bewusster man sie kennt, umso einfacher ist das Erlernen emotionaler Intelligenz. Die einzige Notwendigkeit dafür ist, dass Eltern eine dazu passende *Grundlage ab Geburt* und während der *Kinderjahre* vermitteln müssen.

Die Entwicklung von emotionaler Intelligenz und Sozialkompetenz ist übrigens das Ziel der gesamten Buchreihe, zu der auch dieses Buch gehört. Insbesondere soll der empirisch gewonnen Sicht der emotionalen Intelligenz eine analytisch saubere, tief fundierte Sicht hinzugefügt werden. Sie wird dadurch *vollständig* und *objektiver*.

Wann beginnt die Entwicklung zur Persönlichkeit?

Der Anfangspunkt der kindlichen Erziehung und Bildung ist natürlich ziemlich klar, weil er bei Null liegt (vgl. das Bild, ganz links). Über den Endpunkt haben Eltern meist auch ein Bild vor Augen: Er / sie soll es einmal „besser" haben als wir.

Und dazwischen liegen etwa 18 Jahre.

Eine bewusste Entwicklung eines Kindes zum Erwachsenen sollte zumindest die Struktur seiner Entwicklungsschritte mit etwa diesen Themengebieten sehen, etwa so, wie sie in diesem Bild dargestellt ist:

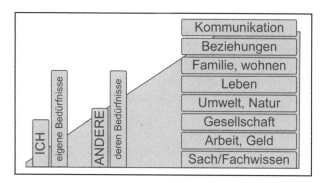

- Sie beginnt in den ersten Wochen und Monaten mit dem *ICH* des Kindes selbst und seinen persönlichen *Bedürfnissen*: Bei seinen eigenen Organen, besonders seiner Wahrnehmung und mit der Sicherung seiner Existenz.

- Etwa beim Entritt in den Kindergarten, mit 3-4 Jahren also, sollte ein Kind auch schon mit den *Interessen* und *Bedürfnissen anderer* umgehen können, wenn auch noch nicht ausgewogen.

- Bei Eintritt in das Erwachsenenalter muss ein Mensch *gut entwickelte Fähigkeiten* in den Lebensbereichen erlernt haben, die im *Themenstapel rechts im Bild* aufgelistet sind. Tatsächlich hat unsere heutige Gesellschaft nur für die beiden unteren Schichten ein systematisiertes Bildungswesen errichtet, alle andere Schichten werden im Durchschnitt eher nur beiläufig, zufällig und intuitiv an unsere Nachkommen vermittelt.

Allein solch ein Bild im Kopf unterstützt Sie darin, im Umgang mit dem Kind, genau genommen mit allen Kindern, jede sich ergebende Gelegenheit des Alltags zu nutzen, um Kinder zu fördern.

Auch das folgende Bild ist natürlich jedem Erwachsenen intuitiv völlig klar. Viel unklarer ist demgegenüber, welcher Entwicklungsstand *am Ende jeder Stufe* vorliegen sollte, damit die *Folgestufe* vernünftig aufsetzen kann.

Eigentlich gibt es *definierte Anforderungen* nur mit dem Abschluss der Schulausbildung bei Eintritt in die Berufsausbildung, sowie bei deren Abschluss und Eintritt in das Berufsleben.

Zwischen Kindergärten und Grundschulen existiert keine wirkliche Verabredung über die Soll- Anforderungen an ein Kind zu diesem Zeitpunkt. Sie ist derzeit höchstens im Aufbau.

Und völlige Unabgesprochenheit mit Eltern besteht beim Eintritt in den Kindergarten: Es ist keinesfalls hinreichend, zur fordern, dass das Kind trocken sein muss und seinen Namen kennen soll.

Und betrachtet man alle Entwicklungsstufen zusammen, so ist auf jeden Fall bei einer Reihe von Alltagskategorien ein ganz erhebliches *Verabredungsdefizit* festzustellen.

Der bewusste Umgang mit den GVK des Kindes lässt sich als einen Balanceakt darstellen, weil sie einerseits als positive Entwicklungstreiber nicht komplett unterdrückt werden dürfen, andererseits als Egozentriktreiber einer zu lernenden Kompensation bedürfen.

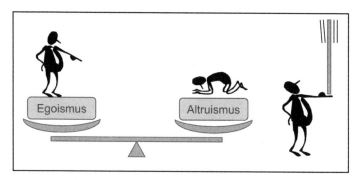

Mit der Haltung auf der linken Waagschale im Bild wird ein Kind geboren. Verstärkt man das während der Kinder- und Jugendjahre entsteht tendenziell ein Macho. Führt man mit hohem Druck, gar Gewalt, die sich unterwerfende Haltung der rechten Waagschale herbei, entsteht tendenziell ein Duckmäuser, der sich nichts zutraut und Anderen immer nachgibt.

Eine Persönlichkeit entsteht, wenn es weitgehend gelingt, eine Balance zwischen egozentrischen und altruistischen Interessen herbeizuführen. Das ist das Ziel.

Es entspricht ein wenig dem Balancieren eines Besenstiels, der bei größeren Fehlern nach rechts oder links umfallen kann.

Und wie erzeugt man Resonanz mit einem Säugling?

Sachlich analytisch gesehen ist der Zusammenhang so:

Bei Geburt liegen nur die GVK im Lernturm vor und die von den GVK abgeleiteten Verhaltensmuster - als Menschlein.

Konsequenterweise will der Organismus *Säugling*, was er will, völlig ohne Rücksicht auf irgendwelche anderen Interessen, wie die der Mutter. Er weiß noch nicht einmal, dass es andere Interessen geben könnte:

Futter bekommen, keine Schmerzen haben, sich wohl und sicher fühlen sind die eigenen Interessen. Nichts anderes existiert in den ersten Lebenstagen. Andernfalls sofort laut und anhaltend signalisieren, dass etwas fehlt.

Als nächstes wird der Tagesablauf grob gelernt: Wenn davon etwas zu stark abweicht: Sofort Laut geben, ohne Rücksicht auf andere Interessen etc.

Mütter erzeugen ganz intuitiv dadurch Resonanz mit dem Säugling, dass sie das Versorgungs- und Sicherheitsbedürfnis antizipieren, relativ genau einhalten und insbesondere die Sprache des Säuglings benutzen:

Das ist die „Sprache", die er im Bauch der Mutter gelernt hat: Gedämpfte Geräusche, konstante, warme Temperatur, wohlige, gleichmäßige Bewegung, keinerlei Versorgungsproblem, keine Schmerzen und vollständige Verlässlichkeit.

Konsequenterweise hält eine Mutter den Säugling ganz nah am Körper, redet ruhig und sanft auf das Zwergchen ein, vermeidet starke Helligkeit und bewegt ihn sanft und weich zusammen mit dem eigenen Körper. Sie vermittelt Sicherheit, insbesondere bei allen Veränderungen.

Wenn das Kind Neues lernen soll, sollte die Ausgangsposition des Kindes den Eltern bewusst sein:

- Soll es starke Helligkeit, größere Lautstärken, andere Umgebungen lernen, dann am besten in enger Anwesenheit der Mutter, nah am Körper, aus einem Sicherheitsgefühl heraus, das gilt beispielsweise auch für neue Gesichter, wie das der Oma.
- Säuglinge lernen ungeheuer schnell, auch aus unglücklichen Situationen heraus: Starke Veränderungen ohne die Vermittlung von Sicherheit - aus Säuglingssicht - lösen eher Stresshormone aus, aus dem Gefühl von Geborgenheit und Sicherheit heraus eher Endorphine.

Und dieses Prinzip gilt für jedes beliebige Lernen, auch für Grundschüler, Studenten, Erwachsene.

Fazit: Erziehung ab Geburt durch Mutter und Eltern

Eltern sollten sich durch ein paar wichtige Gesichtspunkte leiten lassen:

- Durch das Wissen um die kindlichen GVK, die als einzige Inhalte im Lernturm verankert sind und aus denen die Bedürfnisse des Kindes entstehen,

- Durch die Bewusstheit darüber, dass *Sicherheit* zu Beginn die wichtigste GVK ist, die für den Säugling nur durch Anwesenheit und Nähe der Bezugsperson gegeben ist,

- Durch die Bewusstheit darüber, wie das Sozialverhalten mit den GVK zusammenhängt,

- Durch die Bewusstheit darüber, wie Intelligenz und Kombinatorik gefördert werden können,

- Dass Lernen in den ersten Lebensjahren ganzheitlich, ohne Unterscheidung in Sozialkompetenz und Sachwissen beginnt,

- Durch die Kenntnis darüber, dass ihr Kind ohne Selbstwahrnehmung und Bewusstsein geboren wird,

- Durch eine Vorstellung darüber, welche Fähigkeiten etwa nach drei Jahren erreicht sein sollten,

- Wie angesichts dieser Gesichtspunkte Fundamente einer Persönlichkeit entwickelt und gefördert werden können.

Lernfenster

-

Verhaltensmuster ab Geburt lernen

Der beste Weg, ein Kind zu einer wirklichen Persönlichkeit zu entwickeln ist das kontinuierliche, authentische Vorleben von Persönlichkeit. Die Verhaltensmuster des bisher vorgetragenen Verständnisses sind es, über die Eltern ihren Kindern ab Geburt konkret helfen können, Persönlichkeit und Intelligenz zu entwickeln.

Die folgenden Seiten wollen konkreter Ratgeber für Eltern sein. Es geht um beispielhafte Empfehlungen zur Förderung sowohl von Intelligenz als auch von Sozialkompetenz von Anfang an - unter Kenntnis der in den vorderen Kapiteln skizzierten menschlichen Verhaltensbauart und ihrer ethischen Alternative, dem EG.

Bedenken Sie: Wann immer Sie Ihr Kind den Vorschlägen entsprechend fördern, beachten Sie immer dessen aktuelles Interesse: An den Augen, an der gesamten Mimik sind sehr gut Interesse, Langeweile, Ungeduld oder körperliches Unwohlsein wie Hunger, Schmerz oder Müdigkeit zu erkennen. Vermeiden Sie Überforderung oder gar Drill: Sie führen zu Demotivation und Auflehnung und zum Gegenteil von Förderung.

Ebe und Ado Verhaltensweisen sind auf den folgenden Seiten in speziell eingerückten und mit Daumen gekennzeichneten Absätzen erläutert, gleich ob es sich um Kind oder Eltern handelt.

Die ersten 6 Wochen

Der neu geborene Organismus muss sich umstellen: Aus einer absolut sicheren, sorgenfreien Umgebung im Mutterbauch wurde er mit hell und dunkel, mit kalt und warm konfrontiert. Hungergefühle waren nie zuvor bekannt und Schmerzen durch wunde Stellen am Popo auch nicht. Nie zuvor musste man sich um Nahrung und Hygiene bemühen. Auch gab es keine großen Wesen in der Umgebung, die offensichtlich als einzige Nahrung und Sicherheit bereitstellten.

Nie zuvor wurden Temperaturunterschiede am eigenen Körper wahrgenommen, nie entdeckt, dass da Arme, Finger, Beine und Zehen sind, die einzeln wahrnehmen können. Nie wurde die eigene Stimme benötigt, nie mit den Augen gesehen.

Alles ist komplett neu.

Einzelne Wahrnehmungen kommen bekannt vor: Bestimmte Geräusche, die vorher dumpfer erschienen: Stimmen, Musik. Die Temperatur eines anderen warmen Körpers, das Gefühl, mit sanften Erschütterungen getragen zu werden, erinnern an das Gefühl einer sicheren Umgebung. So entsteht Vertrauen.

👎 Wenn Sie das Kind in erster Linie füttern, sauber halten, schlafen legen, mit ihm spazieren gehen und es kosen, streicheln, wenn Oma, Opa, Verwandte und Freunde es schon am zweiten oder dritten Tag auch 'mal anfassen und tragen dürfen, dann gehen Sie mit ihm so um, wie unsere Eltern damals mit uns: Alles geschieht intuitiv aus traditioneller Erwachsenensicht heraus. Es wird der Körper gepflegt, die geistige Entwicklung kommt von selbst.

👍 Helfen Sie Ihrem *völlig unbewussten* Kind, Umgebung und eigenen Körper immer aus einem Gefühl der Sicherheit zu entdecken: Enger, warmer Hautkontakt, die gedämpfte Stimme, wie damals noch im Bauch gehört, das Fühlen und Hören des bekannten Herzschlags samt dem wohligen Gefühl der sanften Tragebewegung: Das sind die Wiedererkennungsmerkmale, die Sicherheit vermitteln. Lassen Sie Ihr Kind das in den ersten Tagen und Wochen möglichst oft genau so wahrnehmen: Während es Ihre Umrisse, Formen und andere äußere Eigenschaften, die bisher fremd waren, erleben kann. Wann immer etwas Neues, noch so unbedeutendes hinzukommt: Lassen sie Ihr Kind das aus dem Gefühl der absoluten Sicherheit heraus erleben.

Erfüllen Sie ganz gezielt die GVK *Sicherheit* immer dann besonders, wenn *neue* Wahrnehmungen anstehen. Tragen Sie ganz gezielt zum Aufbau von Vertrauen bei: Wann immer etwas neu ist: Mein Beschützer ist dabei und gibt mir Sicherheit, während ich Neues erkunden kann.

Wenn Sie schon während der Schwangerschaft, beispielsweise in den letzten 3 Monaten täglich am Abend das immer gleiche Liedchen summen, dass sie nach der Geburt in gleicher Weise summen werden, wenn Sie die immer gleiche Spieluhr laufen lassen entwickeln Sie weitere Merkmale, die Sicherheit und Geborgenheit vermitteln können.

👎 Eher unbewusste, oft sehr junge Eltern, gehen mit Ihrem Kind wie mit einem Spielobjekt um: Sie reichen es im Freundeskreis von Freund zu Freundin, während jeder auf das Kind einredet. Fütterungszeiten variieren stark und Rituale gibt es fast nicht: Moderne Eltern! In Wahrheit gehen sie nicht auf die GVK -getriebenen Bedürfnisse ihres Kindes ein. Ein Kind lernt dennoch, auch schnell: Aber eher, dass auf seine Umgebung kein wirklicher Verlass ist: Die Dinge geschehen nach Belieben und das Gefühl einer häufigen Unsicherheit verstärkt sich.

👍 Bereiten Sie daher Ihr Kind anfangs auf andere Menschen, Großeltern, Freundinnen, Verwandte langsam und ausgiebig vor: Es muss die Stimmen, Gesichter, Formen und Eindrücke erst ein paar Besuche lang unter dem eindeutigen Schutz der Mutter wahrgenommen haben und sich an neue Erfahrungen erinnern können, bevor es sie als „familiär" erkennt. Gönnen Sie sich viele Tage, lassen Sie mehrere Besuche ihrer Freunde vergehen, bevor Sie das Kind, auch nur für Minuten, aus der Hand geben.

Bedenken Sie, dass Ihr Kind am Geruch, an akustischen und optischen Signalen erkennt, ob Sie das oder Fremde sind.

Nicht wenige Erzieher und Eltern sehen im Schreien, wenn die Ursache nicht erkennbar ist, auch eine Art Machtspielchen: Der Säugling will sich unbewusst durchsetzen und seine Bezugsperson zu einem ihm genehmen Verhalten zwingen. Sie empfehlen dann nicht selten: Schreien lassen. Dem Kind zeigen, dass nicht alles nach seinem Willen laufen kann.

Was ist richtig?

👍 Schreien ist der Ausdruck eines Unwohlseins: Nicht nur Hunger oder Schmerzen gehören dazu: Es gibt viele Eindrücke und Wahrnehmungen, die zu Gefühlen von Angst und fehlender Sicherheit beitragen. Vieles davon spielt sich unbemerkt im Gehirn ab: Traum- ähnliche innere Verarbeitungen von Wahrnehmungen und Eindrücken des Tages gibt es im kindlichen Gehirn in Hülle und Fülle.

👍 Lassen Sie das Kind nicht schreien, wenn es den vier oder fünf Stunden Rhythmus nicht einhalten will. Versuchen Sie nicht, es an *Ihren* Takt zu gewöhnen. Helfen Sie ihm, den gemeinsamen Takt zu finden: Getrieben aus seiner eigenen Egozentrik und der Existenz anderer Menschen.

Daher ist es auf jeden Fall besser, zu Beginn jedem Schreien nachzugeben und Versorgungssicherheit zu vermitteln - egal worum es sich handelt. Schaffen Sie Rituale, die angenehme Gefühle erzeugen und gute Wiedererkennungsmerkmale besitzen: Der Schnulli gehört vielleicht auf jeden Fall dazu, aber auch Streicheln an und in der Hand, um dieses Gefühl zunehmend durch ein Stofftier ersetzen zu können.

Eine Spieluhr- Melodie, die immer gespielt wird, wenn das Kind - nach Schreien - getragen und beruhigt wird: Die Melodie wird zunehmend ihren vertrauten Wiedererkennungs- Beitrag vermitteln.

Wenn solche kleinen Tricks im Laufe der Zeit funktionieren, lassen sich wirkliche Schmerzzustände auch leichter unterscheiden.

👎 Das typische Fremdeln von Kleinkindern zwischen dem 7. bis 8. Monat dürfte als Folge der Entwicklung der Selbstwahrnehmung, dem Bewusstsein in diesem Zeitraum entstehen. Es stellt sich meist durch eine erkennbare Zunahme an Misstrauen auch gegenüber Personen dar, die vorher eher scheinbar vertraut wahrgenommen wurden.

👍 Wann immer das Kind wach und zufrieden ist, stimulieren Sie das spielende Lernen: Durch wiederkehrendes Streicheln nicht nur am Körper, besonders auch an Armen, Beinen, an seiner Hand und einzelnen Fingern und Zehen. An Mund, Wangen oder Ohren nimmt das Kind seine Wahrnehmungsorgane *getrennt* wahr. Das fördert den Ausbau der neuronalen Vernetzung. Wenn Sie dazu sprechen, singen, Atemluft blasen, Beine und Arme des Kleinen im Takt bewegen, fördern Sie die simultane Wahrnehmung und die Vernetzung auch verschiedener Wahrnehmungsbereiche.

Lassen Sie das Kind spüren, wie es ist, wenn sich Beine und Arme so bewegen, wie es in einigen Monaten von allein der Fall sein wird.

Das Kind hat viele eingebaute Reflexe an Füßen, Hand und Fingern, die sie alle unterstützen können.

👍 Schaffen Sie von Anfang an beim Waschen, Baden, beim Eincremen, beim Füttern wiederkehrende Rituale: Bedenken Sie, dass Ihr Kind in den ersten Lebensmonaten *unbewusst* lernt wie eine Katze oder ein Lamm. Viele Wiedererkennungsmerkmale, über viele Sensoren wahrgenommen, schaffen Bekanntheit und Sicherheit: Reden, Berührungen, Stimmen, Musik, Temperaturen, Wickeltisch- und Bett- Umgebungen.

👎 Wenn Eltern unbewusst der Meinung sind, Lernen beginnt in der Schule und Spielen wird das Kind, wenn es spielen kann und will, dann werden sie es zumeist nur liebevoll sauber halten, füttern und zur rechten Zeit ins Bett legen. Zusätzliche spielerische Anregungen, kindgemäß angepasst, finden nur auf einem minimalen Niveau statt. Solche Kinder werden darin allein gelassen, ihre Welt zu erobern. In aller Regel erreichen solche Kinder weder ein vernünftiges Intelligenzniveau noch gesellschaftsfreundliches Sozialverhalten.

👍 Denken Sie an das *Nachahmen*: Die Gehirnbereiche, die auch mit Spiegelneuronen bezeichnet werden, sind gleichermaßen *Wahrnehmungsstrukturen* wie auch solche für *Reaktionsmuster*. Wenn Sie das Kind oft und leicht erkennbar anlachen, wird es auch früh zurück lächeln - unbewusst, ohne wirklich zu wissen, warum man lacht.

Wenn es sieht, wie Ihre Zunge aus dem Mund kommt, wird es dazu angeregt, auch die eigene Zunge herauszustrecken.

Wenn Sie früh und oft für das Kind sicht- und hörbar Ma sagen, wird bald auch Ma von ihm zu hören sein.

Natürlich muss erst auch die zugehörige Motorik gelernt werden, um Vorgemachtes wirklich nachmachen zu können. Werden Sie also nicht ungeduldig: Kleine Schritte, regelmäßig wiederholt und Neues dazu erst, wenn Bisheriges gelernt wurde.

👍 Führen Sie die Händchen an Ihre Nase, dann an die Nase Ihres Kindes, an Ihre Ohren, dann an seine Ohren: Schaffen Sie solche neuen Rituale, um auch die Kopiervorgänge zu unterstützen. Patschen Sie beispielsweise mit Ihrer Hand ins Wasser, damit Ihr Kind das in wenigen Wochen nachahmen kann.

👍 Bewusst erziehende Eltern wissen, dass die GVK mit Hilfe innerer Gefühle die Willensantreiber sind: Bei einem Kleinkind ist Wille nichts anderes, als der Versuch, seine GVK vollständig durchzusetzen, genau das, was Sie als Eltern eigentlich *ausbalanciert eindämmen* wollen.

👍 Bewusst erziehende Eltern kennen das Dominanz- und Herrschaftsstreben, das die GVK antreiben. Sie kennen die eingebaute Egozentrik und wissen, dass sie für die Entwicklung der Balance zwischen den Interessen ihres Kindes und den Interessen seiner künftigen Partner und Mitmenschen verantwortlich sind.

Klar, Eltern machen seit jeher, mehr oder weniger intuitiv das, was hier geschrieben steht. Deshalb sind die Meisten unserer Generation auch normal und erfolgreich aufgewachsen. Schließlich gehört diese

Intuition zu einem stark lernfähigen, biologischen Organismus. Das Buch macht ja nur bewusst, was prinzipiell intuitiv angelegt ist, um den heutigen Anforderungen besser gerecht zu werden.

Auch geht es hier um ein Fundament, auf dessen Boden sich besser mit den weiteren, später zur Wirkung kommenden GVK umgehen lässt. Bisher reden wir fast nur von der GVK *Sicherheitsbedürfnis*.

Durch Bewusstheit lassen sich Fehler eher von vorneherein vermeiden: Die eigenen, gefühlsmäßigen Reaktionen können kritischer beurteilt werden. Man reagiert sicherer und kann dem Kind einfach von Anfang an bessere Chancen mitgeben.

Und wenn Sie gegenüber Dritten darüber reden, tragen Sie dazu bei, dass auch solche Eltern ihren Kindern bessere Chancen vermitteln, die in ihrer eigenen Kindheit weniger Zuneigung erhielten oder weniger Zeit haben, solch ein Buch zu lesen.

Die ersten 6 Monate

Ihr Kind hat seine neue Umgebung langsam kennen gelernt: Gerüche, Geräusche, Stimmen, Musik, Personen, Fütterung, Hygiene, Badewanne, Wickeltisch, Zimmer und Bettchen sind bekannte und sichere Umgebungen geworden.

Die nonverbale Kommunikation nimmt mehr und mehr zu: Am Strampeln, an den Augen ist zu sehen, dass das Kind seine Bezugsperson erkennt und das als angenehm empfindet: So will ich das haben.

Insbesondere die täglichen Rituale haben Sicherheit vermittelt: So war es gestern und genau so ist es heute: Alles klar!

👍 Ihr Kind braucht sein Bärchen zum Schlafen, den Schnulli zum Nuckeln. Es braucht immer die gleiche gesummte Melodie, später weitere beim Füttern, die gleichen Abläufe auf dem Wickeltisch: Gewöhnung an die neue, sichere Umgebung: Vertrauen entsteht durch Verlässlichkeit. Ihr Kind wird durch Rituale nicht zum unflexiblen Bürokraten: Sie müssen es nur dort abholen, wo es momentan ist. Und das sind nun mal die GVK. Allerdings sollten

Sie Bekanntem laufend Neues in kleinen Schritten hinzufügen.

👍 Simultane Wahrnehmungen, nicht nur von Umgebungs- Ereignissen sondern auch solche mit Reaktionen des eigenen Körpers, Arme, Beine, Finger und Zehen, Mund, Nase, Ohren, Augen fördern weiter Sensibilisierung und Vernetzung der intellektuellen Wahrnehmung.

Arbeiten Sie weiter an Ritualen: Kraulen am Oberkörper, dann Oberarme, Unterarme, Handaußenflächen, Handinnenflächen, dann die Finger einzeln. Mit Beinen, Füßen und Zehen sinngemäß. Nach einer Woche einfach eine andere Reihenfolge, dann wieder umgekehrt. Nicht aber täglich wechseln.

Der Sinn dahinter: Erst eine Erwartung entwickeln - dann eine zeitlang diese Erwartung erfüllen, um sie schließlich nur noch teilweise zu erfüllen, weil die Reihenfolge anders ist - dadurch eine neue Erwartung aufzubauen, einen Lernvorgang anzustoßen.

Nach einigen Monaten ist auch die Muskulatur stärker geworden, die gelernte Steuerung der Motorik schafft es, den Kopf zu stabilisieren, man kann sich bald aufstützen, bald auch selber sitzen, greifen, plappern, umdrehen und schließlich robben.

Langsam treten die nächsten GVK mehr und mehr in Erscheinung: Neugier, Streben nach Freiheit und Unabhängigkeit, nach Dominanz und Selbstbestimmung.

Schreien wird jetzt zunehmend auch eingesetzt, um die Umgebung zu steuern. Im ersten Jahr sollten Sie das noch großzügig tolerieren, *zunehmend* aber an die Balance zwischen den eigenen Interessen und denen des Kindes denken.

Die früher eingeübten Rituale helfen jetzt, konsequent zu sein: Die wichtigen davon *müssen* bleiben: Es sind die Grenzen, an denen es keine Verhandlungsbandbreite gibt.

Die Rituale bieten dem Kind die Möglichkeit, Grenzen auszuloten: Ganz zart beginnen die Machtspielchen. Ihr Kind beginnt, Grenzen *durch Überschreiten* zu testen. Lassen Sie sich nicht verunsichern und reagieren sie nur eindeutig und bestimmt- aber immer liebevoll.

Das eingeübte Vertrauen wird erstmals gefordert: Auch wenn Sie beim Schlafen und Füttern nicht nachgeben, so gibt es genügend

Möglichkeiten, in anderen Dingen die notwendige Sicherheit zu vermitteln.

👎 Nicht wenige Eltern sind stolz darauf, wenn ihre Kinder früh ihren Willen zeigen und versuchen, ihn durchzusetzen. Sie schreien und trotzen, wenn sie nicht bekommen, was sie gerade brauchen: „Er / sie ist willensstark, eine wirkliche Persönlichkeit mit Durchsetzungskraft". Dass das ein fundamentales Missverständnis ist, wissen solche Eltern nicht: Es sind nur die GVK, die sich da zeigen, sonst nichts. Dass die Eltern beginnen, zu versäumen, den kindlichen GVK Grenzen aufzuzeigen, ist ihnen nicht bewusst. Dass ihr Kind den eigenen Willen auf Kosten und zu Lasten anderer durchsetzen wird und das trainiert, ist ihnen nicht klar oder egal. Eine wirkliche Persönlichkeit wird sich so nur schwer entwickeln können.

Selbstwahrnehmung und Bewusstsein

Die Anwendung des *rouge Tests*[26] auf Kleinkinder zeigt, dass im ersten Lebensjahr in der Regel noch keine ausreichende Selbstwahrnehmung, kein Bewusstsein soweit entwickelt ist, um den Test zu bestehen. Meist bestehen Kinder den Test erst im zweiten Lebensjahr, beispielsweise um den 18. Monat herum. Kein Erwachsener kann sich jemals an diese unbewusste Zeit als Kleinkind erinnern.

Selbstwahrnehmung ist ein *Lernprozess* - und er führt nicht schlagartig zu Bewusstsein: Es dürfte sich eher um eine zunehmende Wahrnehmung handeln, die in einem bestimmten Zustand zum Bestehen des Tests führt. Und wahrscheinlich ist er eng mit den sich entwickelnden Kommunikationsfähigkeiten verkoppelt.

Es dürfte auch kein Zufall sein, dass sich der Beginn der Bewusstseinsentstehung mit dem Beginn des *Fremdelns* deckt. Und die Annahme, dass dieser Beginn auch weitgehend das Ende der prägenden Lernphase darstellt, liegt nah.

---

[26] *Der rouge test wird auch Spiegeltest genannt.*

Offensichtlich kamen die meisten menschlichen Erwachsenen über diese Phase hinreichend gut hinweg: Welchen Nutzen bringt dann solche Kenntnis?

Alle Eltern haben in ihrem Leben nur einmal die Chance, ihre Kinder zu rechtschaffenen, selbstbewussten Persönlichkeiten zu erziehen: Ob es gelungen ist, werden sie erst nach 15 bis 20 Jahren wissen.

Daher kann es nur hilfreich sein, sich der wichtigsten Phasen und Übergänge der kindlichen Entwicklung *bewusst* zu sein, um sie erkennen, richtig zu interpretieren und besser darauf reagieren zu können.

So ist das Fremdeln Ausdruck eines Angstgefühls und Schutzbedürfnisses, für das Erwachsene ohne Kenntnis des Hintergrunds kaum ausreichendes Verständnis entwickeln können. Das gilt sowohl für Personen, gegenüber denen das Kind „fremdelt" wie auch für Eltern.

👎 Sie gehen mit der Phase der Bewusstseinsbildung ganz intuitiv um: „Du brauchst doch keine Angst haben, das ist doch Onkel Helmut!". Dass das Kind weder mit „Onkel", noch mit „Helmut" oder „Angst" etwas anfangen kann, ist nicht bewusst. Zwar trösten Sie das Kind und halten es fest, aber Angst, Hemmungen oder Misstrauen sind bereits entstanden und wohl auch in nicht bekannten Bruchstücken gelernt.

👍 Sie wissen bereits im Vorhinein, wann etwa und warum das Fremdeln entsteht. Sie haben ihre Verwandten und Freunde darüber informiert und sie gebeten, nicht zu forsch auf das Kind zuzugehen. Schon weit vor der Zeit haben sie ihr Kind mit diesen Personen besonders gut bekannt gemacht - immer aus sicherer Position heraus. Wie sie auch ihr Kind auf die Wahrnehmung von Neuem trainiert haben.

👎 Sie denken, die Sprachentwicklung des Kindes geschieht von allein: Man redet mit dem Kind in Kindersprache, beim Waschen, Anziehen, Füttern und zu Bett gehen:

Das reicht, so war es schon immer. Zusammenhänge zwischen Sprach- und Bewusstseinsentwicklung sind Ihnen unbekannt.

👍 Sie wissen, dass auch die Sprachentwicklung gezielt gefördert werden kann und auf diese Weise auch die Entwicklung des Bewusstseins. Sie verwenden anfangs gegenüber dem Kind natürlich eine einfache Sprache, auch baaa und dududuuu, aber immer auch zusammen mit klar und sauber ausgesprochenen anderen Begriffen und Wörtern. Sie sind dem Kind im Vormachen immer leicht voraus, oft genug aber auf gleicher Höhe, damit das Kind auch Erfolgserlebnisse spürt und Freude hat. Überforderung erkennen Sie.

👍 Sie tragen das Kind - auf Augenhöhe - durch die Wohnung und erklären: Tasse, Teller, Schnulli, ...Da ist Papa. Papa schläft. Licht AN, Licht AUS, Wasser, Trinken, Flasche - und immer in Verbindung mit dem *Anfassen* dieser Gegenstände. Sie wissen, dass die verschiedenen Laute gelernt werden müssen, auch Zischlaute und Plosive[27], dass das Kind lernen muss, dass Gegenstände mit bestimmten Lautkombinationen (Worten) benannt werden. Sie reden viel mit dem Kind und geben ihm auch immer Zeit zum Antworten: Völlig spielerisch, immer lächelnd und lachend: Alles macht Spaß - nie Drill, Lehren und Belehrung, alles als Spiel.

👍 Sie wissen, dass die Entwicklung der Sprache auch mit der Entwicklung der Wahrnehmung einhergehen muss: Horch: Ein Vogel! Das Wasser ist kalt. Achtung: Heiß! Aua! Und Sie wissen, dass die Sprachentwicklung einen großen Einfluss auf die Bewusstseinsentwicklung hat.

---

[27] *Plosive: Die Konsonanten B und P, bei denen der Luftstoß zu spüren ist.*

Die ersten 3 Jahre

Spielen: Wahrnehmungen zu Erfahrungen machen

„Lassen Sie Ihr Kind doch spielen: Zum Lernen kommt es noch früh genug!"

Wer solch einen Satz sagt, muss erst noch verstehen, dass für ein Kind kein Unterschied besteht zwischen Spielen und Lernen: Spielen ist Lernen.

Wer einen Unterschied heraushebt, meint mit *Lernen* das fachliche, systematisierte Lernen, wie in der Schule und mit *Spielen* die freie, selbständige und unorganisierte Beschäftigung mit dem, was gerade Spaß macht.

Ein kindliches Gehirn lernt immer. Es kann gar nichts anderes. Es ist seine Lieblingsbeschäftigung. Jede Wahrnehmung mit jedem beliebigen Sensor unterstützt einen Lernvorgang. Optisch, akustisch, mit den Fingern ertastet oder mit den Füßen gespürt, die Berührung am Körper, einen Hauch des Atems, kalte oder warme Gegenstände.

Dabei lernt ein Kind ab Geburt nonverbal, Neugier- getrieben. Es muss selbst alles ausprobieren, um zu erleben, worum es sich handelt:

Die Zuordnung von gehörten und geäußerten Lauten zu Gegenständen, Vorgängen und Eindrücken als Fundament verbaler Kommunikation wird mehr und mehr gelernt. Was nicht gegenständlich vorliegt, ist so gut wie nicht erlernbar. Auch die Sprachentwicklung kann nur bei Gegenständen beginnen.

Ausprobieren bedeutet, zu Beginn die Dinge vor allem zu *schmecken und zu riechen*: Schließlich ist Nahrungsaufnahme eines der beiden wichtigsten Grundbedürfnisse eines Kleinkinds neben Sicherheit. Deshalb muss alles zuerst in den Mund. Und die Geschmacks- und Geruchsorgane sind entwicklungsgeschichtlich ohnehin die ältesten.

Der oberwichtigste Grundantrieb, *Sex und Fortpflanzung*, kommt erst ab der Pubertät zur vollen Entfaltung. Wir Erwachsenen sollten immer besser verstehen, dass dabei die körperlichen Merkmale nur Äußerlichkeiten sind: Viel wichtiger sind die bislang viel weniger beachteten psychischen Veränderungen, auf die nachher noch mal eingegangen werden soll.

Mit hoher Wahrscheinlichkeit baut das gesamte Sexualverhalten, der tiefste genetisch programmierte Antrieb, während der Erziehungsphase auf Körperkontakt - Erfahrungen in der Prägephase und auf respekt- und liebevollen Umgang zwischen Eltern und Kind auf. Das sollte wissenschaftlich viel tiefer untersucht werden.

Konsequenterweise werden bewusste Eltern dieses spielende Lernen unterstützen, fördern, stimulieren - auf allen Gebieten und immer angepasst an den Spiel- und Lernfortschritt.

Denken Sie immer wieder daran, dass die Entwicklung von Intelligenz, Umgebungswissen und Sozialverhalten in dieser Phase *völlig ganzheitlich* ist und sein muss. Das Kind kann nicht in *Sachwissen* und *Sozialkompetenz* trennen. Nahezu immer, bei jeder neuen Erkundung ist es auf Hilfe angewiesen, auf die Beziehung zu Älteren: So bieten sich unendlich viele Gelegenheiten an, beim ersten das zweite zu erlernen. Jegliches Spielen mit dem Kind dient allen Lern-Kategorien gleichzeitig.

Noch vor wenig mehr als 50 Jahren hatten Kinder meist mehrere Geschwister, von denen sie gegenseitig lernten und sie waren ganztägig um Mutter, Oma oder Opa herum, von denen sie ganz natürlich Anregungen erhielten. Heute gibt es fast nur noch Kleinfamilien und überlastete Ehepartner, die ihrem Beruf nachgehen.

Überlassen Sie Ihr Kind nicht einfach sich selbst, wie es damals in der Großfamilie hinreichend war. Das ist heute nur noch selten der Fall. „Das Kind muss seine Welt erobern, das kann es allein". Das sagen nur diejenigen, welche die Fülle früherer Anregungen und unbewussten Betreuungen nicht als solche erkennen.

> ⚑ Mit dem Krabbeln und ersten Gehen beginnt die Zeit der Raum- Eroberung. Sie stellen alles hoch und weg, sichern die Umgebung einigermaßen vor der Verletzungsgefahr und ziehen das Kind von gefährlichen Umgebungen weg. Wenn etwas dennoch heruntergerissen wird, erschrecken Sie vernehmbar laut und Klopfen dem Kind leicht auf die Hand: Nein, das sollst du nicht!

👍 Sie sichern die Umgebung und ermuntern zum Krabbeln und Laufen. Sie geben Anreize und Hilfen, wie man krabbelt. Sie machen das auch selbst vor, helfen dem Kind auf die Knie zu kommen, dann auf die Beine, dann aufzustehen. Sie zeigen dem Kind den Treppenabgang und helfen ihm, den Abgrund zu verstehen: Achtung! Sie zeigen ihm den Backofen: Achtung heiß! - am gerade nicht gefährlich heißen, aber warmen Glas selbst erprobt. Und wenn doch 'mal etwas heruntergerissen wird, sehen Sie sich selbst vorwurfsvoll an: Da habe ich jetzt nicht vorausschauend aufgepasst.

👍 Alles, was dem Kind Spaß macht, sollten Sie jetzt geduldig unterstützen: Lassen Sie zu, dass das Kind sich möglichst lang auf *einen* Vorgang, *ein* Spiel konzentriert - bevor es einen zweiten beginnt. Wenn der kalte, glänzende, klimpernde Schlüsselbund untersucht wird, soll das so lang erfolgen, bis es langweilig wird. Dann kann man ihn auf den Boden fallen lassen: Das ist dann ein neues Spiel: Ich lasse fallen, Du hebst auf - und jedes Mal klimpert es.

👍 Üben Sie auch das gegenseitige Füttern: Fordern Sie das Kind durch das Öffnen Ihres Munds auf, Sie mit der Brotkante zu füttern. Machen Sie ein Spiel daraus. Das Kind kann so schon sehr früh erleben, dass es Spaß macht, anderen eine Freude zu machen. Das geht dann zunehmend besser mit Spielzeug und anderen Gegenständen: Ein Spiel für *Geben und Nehmen*. Solche Spielchen reduzieren den eigenen Besitzanspruch und schaffen eine partnerschaftliche Komponente. Wichtig ist dabei, keine Angst aufkommen zu lassen, dass vertraute Spielsachen letztlich immer wieder zurückkommen. Die beste Erziehungsmethode ist es, den eigenen Umgang mit dem Ehepartner, mit Freunden und anderen Kindern vorzuleben, aktiv, bewusst und konsistent[28]

---

[28] *Konsistent: widerspruchsfrei. In allen Situationen immer mit dem gleichen Verhaltensmuster.*

👎 Werden solche *Geben und Nehmen* Spielchen unterlassen, wächst die Ado Komponente des Eroberns und Besitzens: Es ist ein Privileg, etwas zu haben, was andere nicht besitzen. Man ist dadurch stärker, dominanter. Andere werden neidisch, was einen selbst heraushebt. Wie lässt sich sonst entwickeln, dass Kinder gerne teilen und Dinge zeitweise aus der Hand geben?

👍 Für kleine Egozentriker ist es sehr wichtig, im Laufe der Zeit und immer besser Gefühle anderer Menschen wahrnehmen und bewerten zu können, um Rücksichtnahme und Mitgefühl entwickeln zu können. Zwar kann das in aller Regel erst nach der Entwicklung der Selbstwahrnehmung etwa im 2. Lebensjahr beginnen. Nutzen Sie aber dennoch alle Gelegenheiten des Alltags, dem Kind ihr eigenes Gefühlsleben - dosiert, ohne Belastung - zu zeigen. (Denken Sie unbedingt daran, dass ein Kind die Ursachen dafür nicht nachvollziehen kann. Ehepartner- Probleme sind keinesfalls geeignet!). Auch hier: Leben Sie Ihren Umgang mit dem Partner, mit Freunden und anderen Kindern vor, aktiv und bewusst. Kleine Tiere, Ameisen, Käfer, auch Vögel sind gut dazu geeignet, Achtung, Rücksicht und Mitgefühl vor anderen, kleineren und schwächeren Wesen zu lernen. Auch die Rücksicht auf Pflanzen gehört dazu.

👎 Sie lassen Ihr Kind weitgehend vor dem TV Gerät zusehen, wenn auch bevorzugt Kindersendungen oder Dokumentarfilme. Sie versorgen Ihr Kind mit CD und Musikkassetten, damit Sie auch einmal Ruhe finden können. Obendrein denken Sie, dass ein Kind aus dem Fernsehen ähnlich gut lernen kann wie Sie selbst.

👍 Sie wissen genau, dass ein noch ganz gering gefüllter kindlicher Lernturm ganz anders intellektuell wahrnimmt und interpretiert, als das eines Erwachsenen. Sie wissen, dass Spielen und Lernen durch Anfassen, Erproben und Erfahren erheblich wertvoller ist als die Glotze. Dazu gehört ganz besonders die Räumlichkeit: Die dritte Dimension. Natürlich ist Ihnen die Faszination des Kinds klar, wenn es

Bilder, Menschen, Sätze, Geräusche und Musik aus einem leblosen Kasten kommen sieht. Als Ebe setzen Sie Ihr Kind *nicht*, wirklich *nicht* vor das TV Gerät. Nicht in den ersten beiden Lebensjahren. Und bevor Sie das Kind mit dem Gerät vertraut machen, üben Sie die bildhafte Darstellung von Tieren, Menschen, Bauwerken und Natur mit Hilfe von *Bilderbüchern* - die man auch anfassen kann.

👎 Sie lassen das Kind spüren, dass es vieles, wahrscheinlich alles besser kann als die gleichaltrigen Kinder der Nachbarschaft. Sie sind stolz und reden offen darüber - während das Kind zuhören kann. Nichts lassen Sie auf Ihr Kind kommen: Sie verteidigen es vehement, auch wenn es selbst die Ursache für Streitereien gewesen ist.

👍 Sie bringen Ihr Kind möglichst oft mit anderen Kindern zum gemeinsamen Spielen und Tauschen zusammen. Streitereien schlichten Sie mit der größten Objektivität - auch wenn Ihr Wonneproppen der Streithahn war. Sie vermeiden möglichst, mit Dritten in Anwesenheit Ihres Kindes über seine Leistungen, Fehler und Schwächen zu reden. Ihrem Kind gegenüber gehen Sie mit Lob großzügiger um als mit Tadel, vermeiden ihn aber nicht.

👎 Sie halten das Kind aus allem heraus, was nach Arbeit und geregelten Aufgaben riecht. Sie versorgen es rührend mit allen Dingen, die auch Erwachsenen eine Freude machen: Trinken, essen, lutschen, Musik hören und Fernsehen: Sie verwöhnen es nach Herzenslust und freuen sich, wenn auch die Großeltern das Verwöhnen fortsetzen: Spielsachen, Geschenkchen, jegliche Unterwerfung.

👍 Sie lassen das Kind miterleben, was im Haushalt so alles läuft: Kochen, Tisch decken, Tisch abräumen, Wäsche waschen und bügeln, Staub saugen, einkaufen und aufräumen etc.: Wenn Du groß bist, darfst du mir helfen. Kannst du auch schon Staub wischen? Kannst du schon allein die Spielsachen in die Kiste räumen? Und immer ist alles ein Spiel mit Regeln. Und es geht dabei sowohl um das Lernen solcher Handlungen wie um Sozialverhalten!

Verhaltensmuster ab Geburt lernen

👎 Sie melden das Kind zum Kindergarten an und sprechen mit den Erzieherinnen die Besonderheiten Ihres Kindes ab: Ob es bereits sauber ist, Essgewohnheiten, Abholservice etc.

👍 Sie erkunden und vereinbaren bereits 1-2 Jahre vor dem Eintritt in den Kindergarten den „Aufsetzpunkt" ihres Kindes zum Eintrittszeitpunkt: Was sollte das Kind bereits beherrschen: Name, Straßenname, Kleidung, Essen, Wünsche äußern, Sachwissen, Verhaltensaspekte, sprachliche Fähigkeiten, ... und was unternehmen die Erzieherinnen zur weiteren Förderung der Kinder. Gibt es ein schriftliches Förderkonzept, einen Plan?

👍 Alles, was Sie täglich machen, mit dem Straßenbesen, dem Metermaß, mit Hammer, Nagel oder Schraube, mit Salz, Pfeffer, mit Zahnbürste, Waschmaschine und Radiogerät: Lassen Sie Ihre Kind das hautnah miterleben und reden sie ganz beiläufig, nicht belehrend dazu.

Aus mehreren Gründen gehören die ersten drei Jahre zum wichtigsten Lebensabschnitt eines Menschen:

- Der Abschnitt beginnt mit einem völlig unbewussten Gehirn, das in den individuellen Lernschichten praktisch leer ist. Nur die GVK und einfache Verhaltensmuster sind wirksam.

- Der Wonneproppen ist so süß, dass man ihm nur jegliche Wohltat zukommen lassen möchte. Dass es sich um eine wichtige, weil fundamentale und recht schnell endende Lernphase handelt, wird daher meist völlig übersehen. Das Kind wird intuitiv, wenn überhaupt, gefördert und lernt mit einer großen zufälligen Bandbreite.

- Im ersten Halbjahr entstehen die wichtigsten zusätzlichen Vernetzungen im Gehirn, die durch vernünftige Anregung erheblich gefördert werden können.

- Der Lebensabschnitt enthält den für das Kind nicht einfachen Übergang zum bewussten Leben - von den Eltern und Erwachsenen zumeist unbemerkt.
- Dennoch entsteht in diesem Lebensabschnitt die Grundlage von Sozialverhalten: Zuerst durch unbewusstes Lernen und zunehmend durch bewusstes.

Vielleicht ist das am wichtigsten:

> Wer einen Hilfsbedürftigen führen will,
> muss in dessen Sprache kommunizieren,
> und ihn dort abholen, wo er ist.
> Immer aber mit dem Ziel vor Augen,
> wohin er geführt werden soll
> und immer ein kleines Stück voraus, eben soviel,
> dass jener mit einem Erfolgsgefühl folgen will und kann:
>
> Das ist Liebe.

Was Kinder bei Kindergarteneintritt können sollten

Auf den folgenden Seiten sind stichwortartig und beispielhaft vor allem die grundsätzlichen geistigen Fähigkeiten von Dreijährigen genannt, natürlich noch nicht in ausgereifter Form:

- Umgang in der Familie

    Gefühle kennen und zeigen: Freude, Trauer, Lachen, Weinen, Schmerz, Wut, Mitleid, Bedauern, Entschuldigen ... Was geht in anderen Kindern vor? Warum? Wie kann man helfen?

    Rahmen und Grenzen kennen und weitgehend einhalten, Ausgewogenheit zwischen eigenem Willen und eigener Freiheit und Einordnung in fremden Willen, eigene Aufgaben übernehmen (Kopie von Mutter und Vater): Staub saugen, helfen beim Kochen, Waschen, Putzen, Aufräumen, im Garten,

- Umgang mit Erwachsenen

  Aufgeschlossenheit, Vertrauen - aber auch Grenzen und Vorsicht, Unterscheidung von Erwachsenen, kein Eingehen auf Versprechen und Geschenke, Männer - Frauen,

- Umgang mit Gleichaltrigen

  Gefühle erkennen: Freude, Spaß, Mitleid, Trauer, Lachen, Weinen, Zorn, Wut, Schmerz, Mitleid, Bedauern, Entschuldigen, Selbstbewusstsein - Rücksichtnahme, Helfen, Geben und Nehmen, gemeinsames Spielen, Teamfähigkeit, reden statt schlagen, verhandeln, gegenseitiger Schutz,

- Sprachliche Fähigkeiten

  Erzählen, reden, zuhören, ganze Sätze, fragen und antworten, alle Gegenstände der eigenen Umgebung benennen, Personennamen, Straße - Wohnort,

- Zahlen, Buchstaben, Zeitungen, Bücher,

  Eigenes Alter, Zählen der Finger, Würfelseiten erkennen, KABA, MAMA, PAPA, Tageszeiten, Uhrzeit in Ansätzen,

- Handwerkliche Fähigkeiten

  Schere, kneten, malen, falten, Pinsel, Wasser, kleben,

- Sportliche Fähigkeiten und Spiele

  Ball werfen, fangen, Ballspiele, Sportarten, Dreirad, hüpfen, balancieren,

- Kenntnisse aus Natur und Umwelt

  Sonne, Mond, Sterne, Wolken, Wetter, Pflanzen, Bäume, Insekten wie Ameisen, Fliegen etc., Spinnen, Kellerasseln, Würmer, Amphibien, Fische, Vögel wie Spatzen, Meisen, Amsel, Rabe, Hunde, Katzen, Kuh, Pferd, Eichhörnchen, Zootiere,

- Straßenverkehr

  Ampeln, Überwege, Fahrrad, LKW, PKW, Züge, Flugzeuge, Schiffe, Kräne, Maschinen, Geschwindigkeit, Anhalten.

- Gefahren

Feuer, Wasser, Messer und Scheren, Nadeln, Glasscherben, Plastikbeutel, Schweres,

- Beharrlichkeit, Konzentration, Stehvermögen

Interesse, Ausdauer, Lust, Forscherdrang,

- Ordnung und Systematik

Aufräumen, Ordnung halten, Abfälle, Zerstörungen, Pflege,

4. bis 6. Lebensjahr

Die Kindergartenzeit ist vielleicht die schönste zwischen Eltern und Kindern. In jeder Hinsicht eine stürmische Lernphase: Die Lernfähigkeit ist aufgebaut, das Lernen ist gelernt. Jetzt wird alles angefasst, untersucht, umgedreht, erfragt, geplappert, erzählt, nur unterbrochen durch Essen und Schlafen.

Die großen Lernbereiche dieser Zeit sind die Förderung der Sprachfähigkeiten, Förderung von Intelligenz und Sachwissen sowie die Förderung der Sozialkompetenz. Auch die Konzentrationsfähigkeit, Beharrlichkeit ohne Sturheit sind unverändert wichtige Förderziele.

Und noch immer unterscheiden nur wir Älteren in dieser Weise in Lernbereiche, nicht das Kind: Ihr Kind nutzt jegliche Wahrnehmung für alle Bereiche des Lernens, egal was es macht. Natürlich unbewusst.

Im Sandkasten: Hier hast du meine Förmchen. Kann ich mal deines haben? Ich hol dir Wasser: Jetzt lässt sich der Sand besser formen. Holst du noch mal Wasser? Jetzt ist die Brücke dran: Mit dem Brettchen: Bau du die Stütze auf deiner Seite? Ich baue das auf meiner. Oh, eingebrochen! Macht nichts, machen wir das halt neu: So geht es vielleicht besser etc.

Jegliches Spiel lässt sich ausnutzen, nicht nur Sachwissen zu vermitteln, wie es funktioniert, auch das Geben und Nehmen, die Zusammenarbeit, die gemeinsame - oder getrennte- Verantwortung für das Ergebnis lassen sich üben. Gleichzeitig kann man reden, plappern, erklären, fragen, mit den Fingern üben und Zusammenhänge erfassen.

Halten Sie sich das EG vor Ihr geistiges Auge: Da soll Ihr Kind nach Ablauf der Kinderzeit, zu Beginn der Jugendzeit etwa im Alter von

12 Jahren ankommen. Was muss für das Erreichen jeder Zeilenaussage getan werden? Welche Spielchen führen spielerisch zum Ziel?

Wie verhelfen Sie dem kleinen Ebe zu starkem Wachstum?

Die emotionale Lernphase erreicht in diesen Jahren ihre maximale Aufnahmefähigkeit: Noch immer lernt Ihr Kind völlig ganzheitlich: Was immer geschieht, was immer das Kind unternimmt oder Sie mit Ihrem Kind: Sozialverhalten, Sachwissen und Intelligenzentwicklung lassen sich nicht trennen.

👍 Suchen Sie mit Ihrem Kind - und anderen Kindern - draußen in der Natur, im Park, im Garten, im Wald, am Bach die kleinen Lebewesen wie Käfer, Spinnen, Insekten, Vögel, Pflanzen und Pilze: Alle sind *Lebewesen*, vor denen man *Achtung* haben muss. Kein Tier, kein Insekt darf getötet werden, keine Pflanze aus Gleichgültigkeit abgerissen. Die gesamte Natur ist *schützenswert*: Der Starke muss die Schwächeren behüten. Solche Botschaften müssen die Kleinen in der Praxis lernen, verstehen, um sie später auf Menschen übertragen zu können. Wir alle sind über unsere evolutionäre Entwicklung verwandt. Uns unterscheidet nur unser Geist und das Bewusstsein von Tieren - sonst eigentlich nichts. Deshalb haben wir mehr Verantwortung und Pflichten als Rechte. Im Tiergarten, in den Aquarien sind Lebewesen zwar eingesperrt, ihrer Freiheit entzogen, aber der Mensch bemüht sich, ihren Lebensraum angenehm zu machen ....

👍 Wo geht die Sonne auf, wo geht sie unter? Alle Lebewesen brauchen Licht und Wärme. Ohne Sonne gäbe es keine Wolken, ohne Wolken keinen Regen: Alle Lebewesen brauchen Wasser. Frösche lieben es, wenn es regnet. Wetter gehört zu unserem Leben: Es gibt kein schlechtes Wetter: Auch nicht Nässe, Sturm und Schnee. Das alles ist schützenswert. Die ganze Natur ist darauf angewiesen - wie wir, als Teil davon.

👍 Und nachts die Sterne, der Mond: Früher wussten die Menschen nicht, was Sterne sind: Sie sind sehr weit weg. Mit keinem Raumschiff kann man jemals dorthin fliegen. Sternbilder haben Namen: Der große Wagen, der Polarstern, der Orion. Der Mond kreist um die Erde. Er sieht nur so klein aus, weil er weit weg ist. Man kann mit einem Raumschiff dorthin - aber es dauert sehr lang.

👍 Am eigenen Auto lassen sich so viele Dinge untersuchen: Wie schwer das ist! Wo ist der Motor? Der Auspuff stinkt. Weil im Motor Benzin verbrannt wird. Mit der Bremse kann man wieder anhalten. Die Räder sind aus Gummi: Da muss Luft hineingepresst werden. An der Tankstelle etc. Nutzen Sie, ganz beiläufig, über alles zu reden, was für Erwachsene selbstverständlich ist. Aber nie so, als wollten Sie etwas lehren. Beziehen Sie Ihren Kleinen ganz natürlich mit ein: Willst du ´mal tanken? Das ist schwer: Ich kann dir helfen. Jetzt füllen wir Wasser ein, für die Scheibenwischer ...

👎 Sitz´ still, jetzt nicht, du störst mich beim Fahren. „Wann sind wir endlich zuhause"? Frag´ doch nicht immer dasselbe Zeug, zähl´ die Autos. Hier hast du einen Lutscher. Schalt´ doch deinen Videoplayer ein.

👍 Kinder hören gerne Liedern zu, noch mehr, wenn Sie auch selbst singen dürfen: Sie vermitteln angenehme Gefühle, schaffen Beziehungen. Man kann sich dazu im Rhythmus bewegen - oder wird auf Mamas oder Papas Knien bewegt, wie ein Reiter auf dem Pferd:

Hoppe, hoppe, Reiter,
wenn er fällt, dann schreit er,
fällt er in den Graben, picken ihn die Raben,
fällt er in den Sumpf, macht der Reiter: Plumps.

Ihr Kind sollte ein Musikinstrument spielen können, vielleicht mit 5 Jahren mit der Flöte beginnen, unter guter Anleitung. Es trainiert Beharrlichkeit und Regelmäßigkeit, neben der Fähigkeit zum Spiel und dem Zusammenspiel mit anderen.

👍 Bücher, Zeitung, Buchstaben, eigener Name: Wie geht eigentlich Lesen? An einfachen Wörtern wie KABA lässt sich bei jedem Frühstück das A oder das B zeigen. In MAMA ist ja auch ein A ......Es ist aber nie ein Lehren: Immer ist es ein Spiel: Ich sehe ein A. Siehst du es auch? Woran erkennt man einen Mercedes, woran einen Audi? Einen BMW?

👎 Stör mich nicht, ich will Zeitung lesen. Frag´ mir keine Löcher in den Bauch. Frag´ die Mama, die kann dir das sagen. Du, ich hab´ den ganzen Tag gearbeitet, ich brauch´ jetzt meine Ruhe. Ihr Kind wird lernen, dass es nicht mehr fragen soll - und wird das dann auch so tun. Zum eigenen Nachteil.

👍 Mengen und Größenbegriffe: viel, ganz wenig, hoch, lang, Würfelbilder, auch das Zählen bis zum eigenen Alter ist für Kinder nie ein Problem. Und wieder ganz beiläufig, ohne Lehrcharakter: Schau, 3 Pferde, und dort 2 Raben. Wir brauchen vier Löffel, vier Teller und vier Gabeln: Kannst du *bitte* vier Gabeln holen? Soll ich dir dabei helfen? Das sind ja nur zwei Gabeln.

👍 Materialien: Wasser, Holz, Stein, Sand, Eisen, Erde, Kupfer, Plastik ... Schau: Holz schwimmt, Steine gehen unter. Jetzt brauchen wir noch zwei Steine. Nein, die sind viel zu schwer, die kleinen sind leichter. Ein Feld der unbegrenzten Möglichkeiten, um Zahlenbegriffe, Größenverhältnisse, ganz spielerisch zu hören und zu verstehen.

👍 Wärme und Kälte: Die Suppe ist noch zu heiß, der Kaffee schon kalt - und das Eis erst. Wie warm ist es in deinem Mund: Hast Du Fieber? Wir nehmen das Thermometer. Ist das Badewasser warm genug? Und die Dusche ziemlich kalt oder kühl?

👍 Was macht Papa tagsüber? Er arbeitet? Was denn? Warum? Wie verdient Mama ihr Geld? Wie viel Geld brauchen wir zum Essen kaufen? Was ist teurer: Ein Auto oder ein Fahrrad? Was arbeiten die anderen Mamas und Papas? Was sind Berufe? Wer baut die Straßen? Wie wird ein Haus gebaut?

👎 Papa, warum fährst du immer links? Ihr Kind wird es für richtig halten und lernen, wenn Sie dicht auffahren, wenn Sie mit der Lichthupe verdrängen, wenn Sie die anderen „Trottel" nennen, nicht einfädeln lassen. Sie wissen ja: Nur Ado unterscheidet zwischen sich und den Trotteln, den anderen.

👍 Wenn Sie sich ganz toll um Ihr Kind kümmern, reden Sie zum Zeitpunkt des Kindergarten- Eintritts mit ein paar Grundschullehrern: Ja *Grundschullehrer*! Hören Sie sich an, über welche Schulschwächen sie heute klagen: Was sollten die Kinder bei Eintritt in die Grundschule können? Verschaffen Sie sich aber eine querschnittliche Meinung. Auch Grundschullehrer sind oft subjektiv. Noch haben Sie drei Jahre Zeit, das zusammen mit den Erzieherinnen zu erreichen.

👎 Heute kommen Lisbeth und Tante Anne. Du gehst dann in dein Zimmer. Du kannst die Kindersendung im Fernsehen einschalten, aber sei leise. Und mach´ nicht wieder in die Hose: Geh´ rechtzeitig auf´s Klo.

👍 Leben Sie Ihrem Kind täglich den gesellschaftsfreundlichen Umgang mit Menschen vor. Geben Sie möglichst keine Anweisungen, schon gar nicht Befehle: Verhandeln Sie frühzeitig: Ich helfe Dir aufzuräumen und dann decken wir zusammen den Tisch. Kannst Du mir bitte den Zucker aus der Küche holen? Toll gemacht! Meinst du, du kannst schon eine Tasse holen? Achtung, die kann zerbrechen!

Als Erwachsener gehen Sie immer in Vorleistung: Immer leben Sie Sozialverhalten vor, mehrfach, um es dann nachahmen zu lassen. Immer auch bittend und fragend, nie anweisend und fordernd.

Wenn Sie in die Not kommen, zu fordern und anzuweisen, war meist, nicht immer, Ihre Phase des Vorlebens und Zeigen zu kurz, vielleicht nicht intensiv, widersprüchlich oder nicht genügend oft.

Wenn Ihr Kind sich verweigert, kann es auch das Austesten der Grenzen sein: Jetzt müssen Sie aufpassen. Seien sie liebevoll konsequent.

👍 Und wenn es ganz ernst wird: Nein, wir können erst auf den Spielplatz, wenn die Spielsachen wieder in der Kiste sind. Das musst du selbst machen. Ich warte hier so lang. Nein: Schreien hilft jetzt nicht - nur aufräumen. Schade, ich wäre so gerne zum Spielplatz mit dir gegangen: Jetzt muss ich die Wohnung aufräumen. Willst du mir helfen? Dann sind wir zusammen vielleicht schneller fertig und wir können doch noch fort.

Stellen Sie sich weit im Voraus vor, wie es wohl sein wird, wenn Ihr Kind sich mit lang anhaltendem Geschrei durchsetzen will. Stellen Sie sich vor, wie Sie geduldig warten wollen, wie Sie versuchen zu beruhigen, wie Sie auf keinen Fall selber schreien, wie Sie weiter arbeiten - trotz Geschrei, wie Sie immer darauf achten, dass sich das Kind nicht verletzt, wie Sie in ruhigeren Pausen erklären, was jetzt zuerst getan werden muss - und dass Sie dabei jederzeit gerne helfen. Und am Ende nehmen Sie Ihr Kind so lieb in den Arm wie immer, als hätte es nie Streit gegeben.

Erinnern Sie sich an die GVK, an die Machtspielchen, die durch sie ausgelöst werden können. Wenn Sie die GVK erkennen, haben Sie es leichter, richtig zu reagieren. Sie sehen das kleine Teufelchen innen in Ihrem Kind und wissen, dass es zum Aufbau der Persönlichkeit einen wichtigen Beitrag darstellt.

Autoritär - Antiautoritär

In den vergangenen 30 bis 40 Jahren gab es viele heftige Befürworter eines antiautoritären elterlichen Erziehungsstils - was zumindest bedeutet, dass der bis dahin geprägte Stil als zu autoritär erkannt wurde.

Was aber ist denn der *autoritäre* Erziehungsstil mit den Augen und dem Gedankengut dieses Buchs?

Es ist die Ado- Haltung der Eltern, sich mit ihrer unbewussten GVK- Dominanz des Stärkeren gegen die unbewussten GVK- Antriebe der schwächeren Ado- Kinder durchzusetzen.

Es wird gefordert, verlangt, befohlen, kommandiert. Und wenn es nicht so funktioniert, dann wird gedroht und bestraft. Sehen Sie sich im Zoo einige Stunden lang eine Pavianhorde an und Sie verstehen sofort, wo dieses Verhalten bei Menschen seine Wurzeln hat. Sich so zu verhalten, ist ganz natürlich - wobei die elterliche Intelligenz das autoritäre Verhalten nicht selten gar verstärkt und übertreibt.

Es prallen ja die GVK Antriebe unbewusster Eltern und die GVK von Kleinkindern aufeinander: Und der Ranghöhere dominiert den Rangniedrigeren. Intuitiv kann das durch uneingeschränkte Liebe zum Kind überdeckt werden. Die GVK der Kinder verlangen aber nach uneingeschränkter Freiheit: Selber machen, kann ich alleine, ich will nicht ins Bett, ich will jetzt ein Eis! Das ist meine Gießkanne, die geb´ ich nicht her.

Eltern sind in jeder Hinsicht aber die Stärkeren. Und wie in der unbewussten Tierwelt erzogen: „Du hast das so zu machen, wie ich sage, sonst gibt es hinten drauf". Wenn Eltern gegenüber ihren Kindern ihre eigenen Vorstellungen durchsetzen wollen, kommt es leicht zu Machtproben, die GVK- dominierte Eltern nicht verlieren werden: Sie gebieten, verbieten, drohen Sanktionen an: Wenn Du nicht ins Bett gehst, dann ....

Mit den Monaten und Jahren eskaliert das Verhalten auf beiden Seiten nicht selten. Und aus Sicht ihrer Kinder verhalten sich dann Eltern autoritär, wenn sie ihre größere Machtfülle zur Durchsetzung ihres elterlichen Willens einsetzen.

Antiautoritär ist es dann, den Kindern ihren Willen zu lassen und sie selbst entscheiden zu lassen - auch schon in jungen Jahren. Hin und wieder wird das auch als uneingeschränkte Liebe der Eltern zu ihren Kindern missverstanden.

Wer sich indes vor Augen führt, was die Lerntürme zu Lebensbeginn enthalten, erkennt schnell, dass Kinder dann ihren GVK Antrieben folgen müssen und darin von den Eltern sogar bestärkt werden: Laissez faire: Lass sie machen.

> Zwar lernen sie neben ihrem eigenen, GVK dominierten egozentrischen und autoritären Verhalten auch unbewusst und nebenbei das antiautoritäre, mental stärkere *Nachgeben ihrer Eltern*, doch ist es eher Zufall, wenn sich dadurch eine ausbalancierte, selbstbewusste Persönlichkeit bildet.

Wer seinen Kindern in Sachen Erziehung uneingeschränkte Liebe entgegenbringen will, muss ihnen in *ausbalancierter* Weise sowohl *Rahmen* setzen wie auch *Freiheiten* geben. Und das mit Freundlichkeit und Achtung gegenüber dem Kind: Liebe.

Rahmen setzen

Das Setzen von Rahmen riecht nach autoritärem Verhalten. Es ist es aber nicht, wenn die Rituale liebevoll konsequent, mit dem Ver-

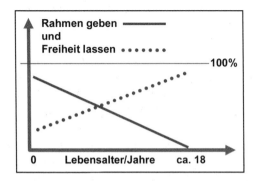

ständnis des Umgangs mit den GVK vermittelt werden.

Der Rahmen spielt aber eine ganz wichtige Rolle im Umgang mit den kindlichen Grundverhaltenskomponenten „Streben nach Dominanz und Stärke", „Streben nach Freiheit und Unabhängigkeit".

Beide Antriebe streben danach, die von Eltern gesetzten Rahmen nicht zu akzeptieren und sie einfach nach Gutdünken zu überschreiten. In bester Überzeugung, denn Ado will sich nicht durch andere dominieren lassen.

Wenn die Rahmen richtig gesetzt sind, und sie müssen bis zur Volljährigkeit ja einen gesellschaftsfähigen Freiheitsgrad erreicht haben, dann kann das Kind innerhalb des Rahmens selbst entscheiden, außerhalb müssen Sie sich durchsetzen.

Es entspricht der vorne angesprochenen Balance, die GVK ihres Kindes einerseits zu stärken, durch Entscheidungsfreiheit innerhalb des Rahmens, und andererseits die GVK einzudämmen, außerhalb des Rahmens.

Und wie gesagt: Der Rahmen ist nicht konstant: Er lässt dem Kind bei Geburt praktisch keinen Freiheitsgrad und bei Volljährigkeit einen maximalen - aber nicht 100% in Ados Sinne.

Wie im Bild skizziert, muss das Setzen von Rahmen daher zu Beginn ein Maximum haben während der Freiheitsgrad dann über Jahre auf dieses Maximum zunimmt.

Zu diesem Zeitpunkt muss der junge Mensch gelernt haben, dass er sich in eine Gesellschaft einfügen können muss: Weder als Duckmäuser noch als Macho, aber als selbstbewusste, partnerschaftliche Persönlichkeit. Ab diesem Zeitpunkt kann er dann auch seine volle Freiheit entfalten - mit der Grenze dort, wo die Freiheit der anderen eingeschränkt würde.

Es ist entscheidend wichtig, bei solcher Erziehung eine eigene klare Linie zu verfolgen, deren Bestimmtheit vom Kind unbewusst verstanden wird: Liebevolles, fürsorgliches, aufopferndes aber konsequentes Verhalten, authentisch und widerspruchsfrei.

Widerspruchsfreiheit im *eigenen, elterlichen Verhalten* ist essentiell. Ausnahmen versteht das Kind meist nicht als Ausnahmen, sondern als Bestätigung des Fehlens einer Linie, als Unsicherheit, was zum eigenen Vorteil - unbewusst- ausgenutzt werden darf.

Wann immer es um inhaltliche Dinge geht, um Machtspielchen, um Aneignung, um „Reviere", zu denen nicht nur die physischen, sondern auch die immateriellen Hoheitsgebiete gehören, um Rechthaberei etc. muss versucht werde, dem aktuellen Problem mit einer gelassenen Ebe- Haltung zu begegnen.

Wenn es Ihnen gelingt, und das wird beim Anwenden zunehmend besser, lernt das Kind genau solche Verhaltensmuster, die sich von einer ethischen Geisteshaltung ableiten.

Beachten Sie auch, dass ihr Kind noch viele Jahre lang nicht gleichberechtigter Partner der Eltern ist. Es braucht Eltern als Vorbilder, die richtiges Verhalten vormachen. Auch wenn ein Kind Vorgänge oder Tagesabläufe selbst bestimmen will: Zur Entwicklung seiner Persönlichkeit muss es Grenzen und Rahmen erkennen können, um sie zu lernen.

Dieser letzte Absatz richtet sich vor allem an Alleinerziehende, die oft im Kind den Ersatz- Lebenspartner sehen und sich ihm gerne unterwerfen, um vermeintlich ihre Liebe zu zeigen.

Sexuelle Liebe

Sind Kinder auf Liebe vorbereitet, müssen sie es sein oder kommt das sowieso ganz allein, wie bei allen geschlechtsreifen Säugetieren? Oder ist angesichts der Scheidungsraten, die gegen 50 % tendieren doch ein neues Nachdenken erforderlich?

Was ist eigentlich Liebe?

Das Bild stellt vier verschiedene Arten von Liebe dar mit ihrem qualitativen Verlauf entlang der Lebenszeit eines Menschen.

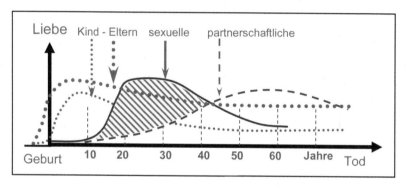

Die dunkle, gestrichelte Linie ist die Liebe eines *Kindes zu den Eltern*, die wohl mit der Bewusstseinsentwicklung des Kindes ansteigt, vielleicht zwischen 10 und 14 Jahren ihr Maximum erreicht und dann etwas absinkt, wenn die Jugendlichen selbst auf eigene Partnerschau gehen.

Die hellere gestrichelte Linie zeigt die Liebe der *Eltern zu ihrem Kind*, die bereits vor der Geburt ansteigt, die ihr Maximum eher zeitgleich mit der Kind- Elternliebe hat und später etwas absinkt, aber wohl immer auf sehr hohem Niveau bleibt. Sie stammt ja auch aus der genetisch programmierten Nachwuchspflege, zu der ein lebenslanges Erinnerungsvermögen hinzukommt.

Die durchgezogene schwarze Linie skizziert die *sexuelle Liebe*, die mit der Pubertät steil ansteigt, direkt für Nachwuchs sorgen soll und es in der Regel bis zum 40. Lebensjahr auch geschafft hat. Klar, sie entspringt dem stärksten genetischen Antrieb, der in Lebewesen, natürlich auch in Menschen programmiert ist. Der Drang der sexuellen Liebe überlagert fast immer jede andere Liebe.

Die gepunktete hellere Linie charakterisiert die *partnerschaftliche Liebe*, die zu einem gemeinsamen, harmonischen heterogenen Zusammenleben führt. In der mit gegenseitiger, sensibler Rücksichtnahme und Verantwortung beide Partner dem anderen jeweils mehr geben, als sie selbst bekommen wollen. Es ist der einzige Typ von Liebe, der zwei Menschen lebenslang zusammenbleiben lässt und ihren Kindern eine glückliche Kindheit und Jugendzeit gibt. Bis zu den Enkeln und darüber hinaus.

Und das ist der wichtige Punkt:

Auch wenn es im Bild nur qualitativ dargestellt ist: Die Diskrepanz zwischen der sexuellen und der partnerschaftlichen Liebe, im Bild die gestrichelte Fläche zwischen den beiden Kurven, ist der Grund für Disharmonie, Streit und darauf folgende Scheidungen.

Die sexuelle Liebe macht zumeist blind für den wichtigeren partnerschaftlichen Aspekt, führt heute schnell ins Bett, Konsequenzen und Heirat, ohne dass beide Partner wirklich rechtzeitig merkten, dass sie sich eigentlich nicht verstehen und nur wenige gemeinsamen Werte haben.

Verstärkt wird das noch durch die Medien, die mit Sex, Beischlaf, Erotik und Porno ein Bild vermitteln, als ob es um nichts anderes geht. Und man sich halt trennt und es neu versucht, wenn man sich nicht mehr versteht. Völlig verkehrte Botschaften von Medienunternehmen, denen Einschaltquoten, Umsätze und Gewinne wichtiger sind als nachhaltige Liebe und harmonische Gesellschaftsentwicklung. Oberflächlich und verantwortungslos.

Die blind machende sexuelle Liebe ist es aber nicht allein: Eltern, Erwachsene, die Gesellschaft ist auch nicht in der Lage, die nachwachsende Generation rechtzeitig auf diesen Aspekt aufmerksam zu machen und ihnen die Fähigkeiten zu vermitteln, die Partnerwahl vor allem nach „inneren Werten" zu treffen.

Vermitteln wir unseren Kindern solche Fähigkeiten? Höchstens intuitiv und implizit: Kaum jemand redet mit den Nachwachsenden bewusst über solche Dinge. Und nur über die Unterschiede der äußeren Geschlechtsmerkmale zu reden deutet an, wie wenig wir von *geschlechtsspezifischem Verhalten* verstehen. Es gibt keine wirklichen, anwendbaren Kriterien für Mädchen und Jungen, mit deren Hilfe sie ihren künftigen Partner identifizieren können.

Persönlichkeiten, Mädchen wie Jungen, sind Menschen, die nach dem EG erzogen und gebildet wurden: Sie erfüllen zwangsläufig die Anforderungen an eine lebenslange, verantwortungsvolle Bindung, weil sie eigene Interessen (Egozentrik) und die Interessen des Partners *gleichgewichtig* verfolgen und unterstützen.

Und vielleicht ist das dabei noch wichtiger:

Wer selbst nach den Werten des EG erzogen und gebildet wurde, kann das auch ganz leicht seinen Kindern vermitteln, fast schon wieder intuitiv, auf jeden Fall aber authentisch. Die Spirale über Generationen bewegt sich so nach oben, nicht nach unten in die kulturelle Verflachung - wie heute.

Betrachten Sie das Bild der vier verschiedenen Typen von Liebe auch als zyklisches Bild: Die partnerschaftliche Liebe der Eltern wird von ihren Kindern, von der nächsten Generation ja wahrgenommen und gelernt - und kann dann wieder an deren nächste Generation weitergegeben werden.

Sexualverhalten vor und ab der Pubertät

Auch wenn unsere Kinder, wie wir alle vor Jahren auch, ab Geburt Dinge lernen, die kaum Berührungspunkte zu Sexualverhalten haben - oder zu haben scheinen, so ist doch unser gesamter biologischer Organismus auf nichts anderes ausgelegt: Alles diente ursprünglich nur der Erhöhung der Replikationsbilanz.

Je besser Eltern und Erwachsene das verstanden haben, umso aufmerksamer können sie vor allem die psychisch- geistige Sexualentwicklung fördern und natürlicher gestalten.

Wollen Sie für Ihre Kinder akzeptieren, dass menschliches Sexualverhalten weiter auf Erotik, Sex und Pornografie reduziert wird?

Dass nahezu alle Medien, bis auf wenige seriöse, über Erotik, Sex und Pornografie, verbunden mit Gewaltdarstellungen letztlich Umsatz und Gewinn steigern wollen - wobei ihnen völlig gleichgültig ist, was dabei in Kindern und Jugendlichen geschieht? Wollen Sie das?

Und die Frauen und Männer, die Geschäfte mit Medien machen, sind ja alle auch Eltern! Was geht in denen vor?

Wollen sie weiter zulassen, dass Kinder und Jugendliche, aber auch Erwachsene, die zu Eltern werden, mit ihrem tiefsten unbewussten Antrieb so geködert werden? Über den Sexualdrang, den untersten, ältesten und primitivsten Antrieb? Und dass unsere Kinder und Jugendlichen, die in ihrem geistigen Aufbau noch nicht gerüstet sind, darauf hereinfallen wie Mäuse, Schnecken, Stechmücken, wie alle unbewussten Lebewesen.

Auch wenn es sich um den schönsten aller Antriebe handelt?

Wenn die Scheidungsraten weiter so steigen, ist das mehr als ein Indiz, dass unsere gesellschaftliche, profitgetriebene Kommunikation einen großen, negativen Anteil daran hat und dass unser Bildungswesen noch kein gegensteuerndes Mittel gefunden hat.

Zusammenfassung

Was hier noch mal betont werden soll, ist das ausgewogene Verhältnis zwischen dem Setzen fester Rahmen einerseits und der freien Entwicklung zu hinreichender Unabhängigkeit andererseits.

In den letzten paar Absätzen liegt vielleicht eines der großen Missverständnisse vieler Eltern in Erziehungsfragen.

Rahmen geben bedeutet nicht, diktatorische, autoritäre Gewalt anzuwenden. Es bedeutet, passend zu den momentanen Fähigkeiten des Kindes ein für das Kind notwendiges Verhalten vorzuleben und konsequent durchzusetzen.

Konsequent bedeutet, auf Dauer und widerspruchsfrei gegenüber dem Kind immer das gleiche, eigene Verhalten so eindeutig zu vorzuleben, dass nach einigen Wiederholungen der Lerneffekt erzielt werden kann.

Das Kind muss lernen, dass es in der Familie, dann in der Gesellschaft Regeln gibt, die eigenes, egozentrisches Verhalten begrenzen - auch wenn solche Begriffe nicht verwendet werden.

Eltern müssen in der Lage sein, ihren eigenen inneren Ado zu erkennen und nicht ihn, sondern Ebe wahrnehmen und reagieren zu lassen.

Eltern sollten archaisch unbewusstes GVK- Verhalten ihres Kindes nicht mit willensstarker Persönlichkeit verwechseln.

Im Laufe der vielen folgenden Jahre müssen Eltern mehr und mehr „loslassen" und den Kindern deren eigene Entscheidungen ermöglichen. Das werden diese aber nur können, wenn sie zuvor Rahmen und Wege dazu gelernt haben.

Ihr Kind können Sie eigentlich nur dann zu einer rechtschaffenen Persönlichkeit entwickeln, wenn es von Anfang an einschränkende Rahmen und im Laufe der Zeit zunehmende Freiheiten mitbekommen konnte.

Verhaltensmuster ab Geburt lernen

Transaktionen zwischen Eltern und Kind

Etwa in den 60er Jahren entwickelte der kanadische Psychoanalytiker Eric Berne - empirisch - die Transaktionsanalyse TA, mit deren Hilfe die Eltern- Kind- Beziehung und das Balance- Problem sehr gut dargestellt werden kann. Eignen Sie sich die Grundzüge dieses Verständnisses an, das ein starkes Merkmal einer wirklichen Persönlichkeit sein kann.

Transaktionsanalyse[29]

Transaktionen sind Verhaltensweisen und Antworten darauf, die jeweils vom Verhalten des Gegenübers ausgelöst werden. In erster Linie spielen sie sich in der verbalen *Kommunikation zweier Menschen* ab, die in bestimmten Beziehungen zueinander stehen. Dabei nehmen sie unbewusst bestimmte Haltungen gegenüber ihrem Kommunikationspartner ein: Man spricht auch von Zuständen und Rollen.

Dieses kurze Kapitel über die Transaktionsanalyse TA soll helfen, den Umgang mit anderen Menschen, Partnern, Vorgesetzten, Mitarbeitern, ganz besonders aber mit dem Ehepartner und den eigenen Kindern auf der Basis von Verständnis zu verbessern. Es zeigt gleichzeitig den Zusammenhang zwischen der TA und den Grundverhaltenskomponenten GVK.

Eric Bernes Transaktionsanalyse beschreibt die Haltung von Menschen mit Hilfe dreier ICH- Zustände, die jeder Mensch einnehmen kann und tatsächlich auch einnimmt, abhängig von seiner eigenen Prägung und der Situation.

---

[29] *Die Transaktionsanalyse wird sehr häufig mit TA abgekürzt.*

Die 3 Rollen oder Zustände sind im Bild als Kreisflächen dargestellt:

- EL: Eltern- ICH
- ER: Erwachsenen- ICH
- K: Kind- ICH

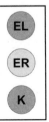

- Das *Eltern ICH* ist bestimmt durch Verhalten, Denken und Fühlen, das charakteristisch für Eltern oder Elternfiguren ist und das in der eigenen Kindheit gelernt wurde.

  Eltern sind (für das Kind) Führungsfiguren, die stark sind, alles wissen und sagen, was zu tun ist. Sie dominieren ihre Kinder, auch wenn sich die Kinder auflehnen wollen. In Konfliktfällen wenden sie auch ihre physische Stärke, auch Gewalt an. Ihre Meinung gilt! Es sind Alphatiere.

  Allgemein: In der „Elternrolle" befindet sich jemand, der andere dominiert, der anderen sagt, was sie zu tun haben, etwa so, wie es gewöhnlich Eltern ihren Kindern gegenüber tun. Unbewusstes, dominantes Verhalten von Wesen in starken, oft fürsorglichen Rollen. Vorgesetzte sind häufig gegenüber ihren Mitarbeitern in dieser Rolle.

- Das Kind- ICH ist bestimmt durch Verhalten, Denken und Fühlen, das aus der Kindheit stammt und in bestimmten Fällen wieder abläuft. Man orientiert sich an den dominanten Eltern, die sagen, was zu tun ist: Man richtet sich danach und gehorcht.

  In die „Kindrolle" schlüpft ein Gesprächspartner, wenn er sich unterordnet, wenn er Anweisungen erhält und sie ausführt, auch wenn er nicht überzeugt ist. Er lässt sich dominieren, weil er sich rangniedriger sieht.

  Allgemein befindet sich ein Mensch, auch als Erwachsener, in dieser Rolle, wenn er sich von anderen Menschen widerspruchslos dominieren lässt und andere Meinungen und Ansichten auch für sich akzeptiert. Mitarbeiter nehmen diese Haltung nicht selten gegenüber ihrem Vorgesetzten ein.

- Das Erwachsenen- ICH ist bestimmt durch Verhalten, Denken und Fühlen, das partnerschaftlich fair orientiert ist. Die „Erwachsenenrolle" ist durch bewusste, faire, rational vernünftige, sachorientierte Kommunikation zwischen den Partnern geprägt.

Die Transaktionsanalyse entstand empirisch, durch Beobachtung der Menschen im Laufe ihres Lebens und durch eine sehr scharfsinnige Kombination und Schlussfolgerung durch Eric Berne.

Die tieferen Gründe für die drei verschiedenen Rollenverständnisse ist aber das Grundverhalten von Lebewesen: Es sind besonders die GVK *Streben nach Stärke, Rangordnung*, auch *Streben nach Sicherheit*. Die anderen GVK spielen aber auch mit.

- EL korrespondiert mit dem *starken Ado*, dem Ado in der oberen Position der Rangordnung.

- K korrespondiert mit dem *schwachen Ado*, dem Ado in der *niedrigeren* Position der Rangordnung.

- ER ist nichts anderes als Ebe, ein Antrieb der nur bei bewussten Lebewesen entwickelt werden kann.

Berne hatte den genialen Einfall, die Entstehung alltäglicher Kommunikations- Konflikte mit Hilfe der Beziehung EL - K, zu der jeder Mensch übereinstimmende Erfahrungen hat, zu erläutern: Eltern sind in der starken, Kinder in der schwachen Rolle.

Die Balance aus beiden nannte er das ERwachsenen- ICH.

Zeigt man mit Pfeilen an, welche der möglichen ICH Zustände zwei Gesprächspartner gerade gegenüber dem anderen einnehmen, lässt sich leicht erkennen, ob ein Gespräch konfliktfrei ablaufen kann oder eher nicht.

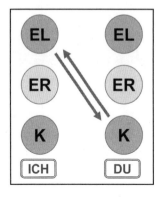

Im nebenstehenden Bild verlaufen die Pfeile parallel von EL nach K und von K nach EL.

EL dominiert und K ordnet sich unter, bei Frage und Antwort, bei jeder Meinungsäußerung. Es ist der Stil eines traditionellen Vorgesetzten, der Anweisungen gibt gegenüber einem Untergebenen, der sie empfängt und auszuführen hat.

Das entspricht auch völlig der Erwartungshaltung beider Gesprächspartner, insbesondere der von EL. EL duldet keinen Widerspruch, keine andere Ansicht: Er lässt nicht an sich zweifeln, schon gar nicht von einem Untergebenen. Solche Kommunikation funktioniert in der Regel konfliktfrei. Dabei ist meist einer unzufrieden.

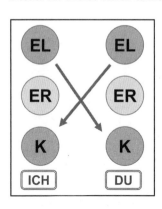

Versuchen beide Partner, wie in diesem Bild, gleichzeitig die EL Rolle einzunehmen und dadurch dem Gegenüber die K Rolle zuzuweisen, kreuzen sich die Pfeile: Die Erwartungen der EL Rollen werden durchkreuzt.

Tatsächlich kommt es in solch einer Konkurrenzsituation zunächst zum Kampf und in der Regel dann zum Streit.

Es ist der Stil zwischen zwei prinzipiell Gleichrangigen, die beide nicht unterliegen wollen, dann schon lieber dominieren. Sehr oft findet sich das beispielsweise zwischen zwei Abteilungsleitern, besonders wenn sich beide Chancen auf die nächste Hierarchiestufe ausmalen und sich daher profilieren und als der Stärkere erscheinen wollen.

Es beschreibt auch die Situation zwischen zwei Ehepartnern, die beide, wenn sie sich nicht gleichbehandelt fühlen, auf jeden Fall nicht unterliegen wollen - unbewusst natürlich.

Die EL Rolle, wie auch die K Rolle sind beide Ado Verhalten, wie oben erwähnt: EL der starke, K der schwächere Ado. Weil beide Ados sind, finden sie emotionale Auseinandersetzungen, auch wenn sie zu Streit führen, als durchaus normal. Schließlich kennen sie als Ados keine andere Lösung. Es ist jeweils der andere schuld: Weil Ados unsymmetrisch urteilen, fällt ihnen ihr eigenes Verhalten nicht auf, nur das der anderen.

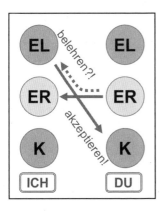

Die Verschärfung dieser Situation ist im folgenden Bild dargestellt: EL spricht seinen Gegenüber als K an und erwartet auch, dass dieser die K Rolle akzeptiert.

Der antwortet und kommuniziert aber nicht in der von EL erwarteten K, auch nicht in der konkurrierenden EL, sondern aus einer Rolle heraus, die für Ado eher unbekannt ist: ER.

ER antwortet sachlich, theoretisch fundiert, freundlich und selbstbewusst: Genau so, wie der EL Vorgesetzte, eigentlich reagieren möchte, hätte er sich nicht gerade verrannt.

Da Ado das nicht zugeben kann, greift er sofort an, um eine eigene, vermeintliche Schwäche auszubügeln: „Willst du mich belehren? Dränge mich nicht in die Ecke! Ich sage, wie das gemacht wird, du Besserwisser!". Ado selbst fühlt seine vermeintlich überragende Rolle angegriffen und haut daher rücksichtslos zurück.

Er wendet physische Stärke an, wo seine mentale nicht ausreicht.

Wäre in EL neben Ado auch ein gerade eben entwickelter Ebe am Werk, so würde der in solchen Situationen dazu raten, mentale Stärke zu zeigen und ebenfalls die ER Rolle statt EL einzunehmen. Der *Vorgesetzte* wird dadurch zu einer *Führungskraft*, der nicht mehr Untergebene, sondern Mitarbeiter sieht.

Wer sich dauerhaft in der EL Rolle befindet, erwartet von seinem Gegenüber die K Rolle. Alles andere, insbesondere aber die ER Rolle, empfindet er als Belehrung, Einmischung, Frechheit, Anmaßung oder gar Arroganz.

Ado hält Ebe immer für einen Besserwisser, der andere belehren will. Von Ebes sachlichen Argumenten fühlt sich Ado eingekreist und mit dem Rücken zur Wand gedrängt.

Obwohl Ebe das bekannt ist, obwohl er versucht, diesen Eindruck bei Ado nicht entstehen zu lassen, kann Ebe es nicht verhindern. Das liegt daran, dass Ado nur rangniedrigere Wesen akzeptieren will, er andernfalls sofort zum Angriff bläst. Ado würde sich nur einem stärkeren Ado unterwerfen - sonst niemandem.

ER hat die Merkmale einer wirklichen Persönlichkeit, unabhängig davon, auf welcher Hierarchiestufe, er in einem Unternehmen steht.

ER kann jeder für sich selbst erreichen - wenn er will. Ob er will, hängt zu einem großen Teil von seinen tiefen, individuellen Lernschichten ab.

Die Transaktionsanalyse TA zeigt sehr schön, dass und warum es für Eltern wichtig sein muss, ihre Kindern zu ER - Persönlichkeiten zu entwickeln. Die Maßnahmen dazu sind vorne bereits geschildert: Es ist nichts anderes, als die Erziehung nach dem EG zu Ebe- Verhalten, die sich in allen Lebensbereichen auswirkt.

Sie setzt auch die Ado- Ebe- Theorie sehr schön auf eine praktische Ebene um: Mit etwas Selbstkritik ist gut erkennbar, wenn man sich selbst in der EL Rolle befindet und anderen dadurch die K Rolle zuweist. ER kann dadurch trainiert werden.

Allerdings muss auf eine Schwierigkeit hingewiesen werden:

Wegen der Sachlichkeit, der scheinbar emotionslosen Gelassenheit gegenüber Problemen erscheint ER aus Sicht von EL oder K manchmal als gefühlskalt. Das ist zwar keineswegs so, aber Ado kennt nur spontane, emotionale Reaktionen: ERs Gelassenheit sind ihm unbekannt. Das kann zu solchen Vorwürfen führen.

Transaktionen zwischen Eltern und Kind

Genau genommen beschreibt die Sichtweise der TA keinen neuen Zusammenhang in der Kindererziehung: Das Setzen von Rahmen einerseits und das Loslassen andererseits wurde bereits bei den ethischen Verhaltensmustern hinreichend skizziert.

Da mit Hilfe der drei Rollen - oder ICH- Zustände - die Haltung der Eltern gegenüber dem Kind besonders anschaulich beschrieben werden kann, soll die Eltern- Kind- Beziehung zwischen Geburt und dem Ende der Jugendzeit hier noch mal mit dieser Sprechweise beschrieben werden.

Zwei Eckpunkte sind unbestreitbar, eher selbstverständlich:

- Zum Zeitpunkt der Geburt nehmen Eltern ganz zwangsläufig die EL Rolle ein: Sie bestimmen in jedem Moment und vollständig über das Kind: Einfach alles. Das Kind ist ganz zwangsläufig in der K-Rolle.

- Zum Ende der Jugendzeit müssen sich Eltern auf eine gleichberechtigte Position wie ihr jetzt erwachsenes Kind zurückgezogen haben: Auf die ER Rolle. Es muss ihnen bis dahin auch vollständig gelungen sein, ihr Kind aus der K Rolle in die ER Rolle gebracht zu haben.

- In der Zeit dazwischen müssen Eltern den Übergang bei sich selbst von EL nach ER und bei den Kindern von K nach ER schaffen. Dabei sollen sie nicht *mehr* dominieren, als unbedingt nötig und sie dürfen ihre Kinder nicht überfordern.

Das gilt unter der Annahme, dass Eltern ihre Kinder zu wirklichen gesellschaftsfreundlichen Persönlichkeiten entwickeln wollen.

Geschieht dieser Prozess nicht mit einer ER Haltung der Eltern, kann das Kind als Erwachsener entweder in der K Rolle verblieben sein oder sich selbst zu einer EL Rolle entwickelt haben.

Ist ein Erwachsener vorwiegend in der K Rolle, so mangelt es ihm meist an Selbstbewusstsein und Selbstvertrauen: Er hört darauf, was andere sagen und tun.

Ist ein Erwachsener vorwiegend in der EL Rolle, will er meist immer Recht haben, will andere dominieren und ihnen sagen, was sie zu tun haben.

Oder:

In der EL Rolle müssen Eltern Rahmen setzen und Regeln vermitteln: In den ersten 2-3 Lebensjahren ihres Kindes ist das weitgehend zu 100% der Fall.

In der ER Rolle setzen Eltern keinen Rahmen mehr: Sie lassen ihrem Kind die Entscheidungsfreiheit und Unabhängigkeit. Allerdings muss das das Kind bis dahin gelernt haben, mit seiner Unabhängigkeit so kontrolliert umzugehen, dass dabei das gleiche Recht Dritter nicht eingeschränkt wird.

Im Konfliktfall sind es nicht mehr gegenseitige Maßregelungen, sondern eher Verhandlungen zwischen dem Partnern, die Konflikte und Probleme lösen.

Wie der Übergang in den ersten 18 Lebensjahren im Detail zu schaffen ist, an Hand der unendlich vielen Alltagssituationen, würde sicher den Platz in diesem Buch sprengen.

Ob die Pauschalregel „soviel Freiheit wie möglich, so viel Einschränkungen wie nötig" wirklich hilfreich ist, sei dahingestellt. Letztlich hilft doch nur die eigene Erprobung, das eigene Training.

Wenn Ihnen aber der Zusammenhang und die Bedeutung der TA mit ihren Rollen EL, K und ER bewusst ist, dürfte das bereits eine große Hilfe für die täglichen Herausforderungen mit Ihrem Kind sein.

Zusammenfassung

Die Transaktionsanalyse ist ein im praktischen Leben gut anwendbares Mittel, um in einem etwa 18 Jahre dauernden Prozess von einer reinen Eltern-Kind-Beziehung zu einer Erwachsenen-Erwachsenen Beziehung zwischen Eltern und Kind zu kommen.

Es ist ebenfalls ein sehr gutes Hilfsmittel für den täglichen Umgang mit anderen Menschen, insbesondere in Fällen mit beruflicher Hierarchie zwischen den Kommunikationspartnern.

Die Eltern-Kind-Beziehung ist nichts anderes, als die Beziehung zwischen starkem und schwachem Ado, während die Ebe die Haltung zwischen zwei ER Kommunikationspartner darstellt.

Kommunikations- Viereck

Persönlichkeiten zeichnen sich durch ihre Fähigkeit des Zuhörens, des sensiblen Verstehens, durch positive Grundhaltung in der Interpretation und durch treffsichere Ausdruckskraft aus. Sie erfassen auch in laufenden Gesprächen die eigenen Gefühle wie die ihrer Kommunikationspartner.

Das Gesprächsviereck

Ein weiteres empirisch entstandenes Hilfsmittel zur Veranschaulichung von Kommunikationsverhalten hat ebenfalls eine gute, praktische Anwendbarkeit:

Das Gesprächsviereck von Schulz von Thun[30].

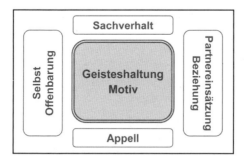

Es schildert, dass jegliche Kommunikation zwischen zwei oder mehr Menschen *immer* vier Seiten hat:

Es ist, als ob man mit vier verschiedenen Ohren hören kann.

---

[30] Schulz von Thun: Miteinander reden, Band 1.

- Die Seite des Sachverhalts, die Informationen über die Sache enthält, über die man gerade redet.
- Die Seite des Appells, die Informationen enthält, was man mit dem Gespräch erreichen will.
- Das Ohr der Selbstoffenbarung, das Botschaften über die Haltung des Sprechers hören lässt.
- Die Seite der Partnereinschätzung, die Botschaften über den Partner und die Beziehung zwischen beiden, dem Sprecher und dem Zuhörer, also dem Sender und dem Empfänger enthält.

Dem Originalbild von Schulz von Thun wurde hier die im Zentrum des Vierecks dargestellte Geisteshaltung und das Motiv hinzugefügt.

Hinter der Selbstoffenbarung und der Partnereinschätzung wirkt meist Ado, also das Archaische Grundgesetz AG, während bei Sachverhalt und Appell zumeist eher Ebe in Erscheinung tritt - nicht notwendigerweise.

Ados Streben nach Stärke und Dominanz, nach der ranghöchsten Position führt meist zur Selbstprofilierung: Er ist der Größte, der alles kann, was man braucht. Selbstsicher und ohne Selbstzweifel weiß er, wie die Dinge richtig sind.

Und er fühlt sich umso stärker, je schwächer sein Gegenüber ist. Also sucht er ihn zu schwächen und stellt ihn in den Augen Dritter als nachrangig dar - milde formuliert.

Meist bestimmt diese horizontale Achse den Gesprächsverlauf: Dominiert dieser emotionale Teil einer Diskussion, kommt zumeist kein gutes sachliches Ergebnis zustande.

Wenn zwei Menschen ein Gespräch führen, hat jeder sein eigenes Gesprächsviereck: Jeder entscheidet für sich selbst, mit welchem seiner vier Ohren er Botschaften besonders sensibel empfängt - und dann auch entsprechend reagiert.

Es sind vornehmlich die Geisteshaltung, die eines der vier Ohren besonders sensibilisiert, die psychische Situation in der man sich befindet und der Kontext der zuvor empfangenen Botschaften.

Je besser der Sender diese drei Aspekte bei seinem Gegenüber, dem Empfänger einschätzen kann und je besser er dann, aufgrund dieser drei Aspekte bei sich selbst, darauf reagieren will desto mehr nähert er sich der Ebe Haltung an.

Die Gespräche werden dann, auch bei ernsten Problemen freundlicher, rücksichtsvoller, sensibler, konstruktiver und mitfühlender: Eigenschaften einer wirklichen Persönlichkeit.

Das bedeutet auch eine positive Grund- Geisteshaltung, die bei empfangenen negativen Botschaften davon ausgeht, dass ein Irrtum vorliegen müsste.

Um Kinder zu wirklichen Persönlichkeiten zu entwickeln, auch im Sinne des Gesprächsvierecks, sind ebenfalls keine anderen Maßnahmen erforderlich als vorne bereits skizziert: Es genügt, Kindern widerspruchsfrei das EG vorzuleben - in allen Situationen.

Es verhindert die eigene Selbstdarstellung hinreichend und liefert genügend Sensibilität für die Vorgänge im Partner.

Kommunikations- Viereck

Gesellschaftliche Bildung

Erziehung und Schulausbildung stellen nur einen kleinen Teil der Bildung dar, die einen Menschen während seines Lebens formt. Es ist die Erfahrung im täglichen Umgang mit anderen Menschen, vor allem aber die Kommunikation der Medien, die stark zur Konditionierung der Menschen beitragen. Und wenn sie, profitorientiert, nach den attraktivsten Themen der Menschen suchen und sie vermarkten, Sex, Gewalt, Skandale, führt das zunehmend zur kulturellen Verflachung. Es bedarf wirklicher Persönlichkeiten mit Bewusstheit um die menschliche Natur, um an der Wurzel anzugreifen.

Mit einem Blick rückwärts durch dieses Buch erkennen Sie vermutlich eine ganze Reihe von Notwendigkeiten, das Bildungswesen, nicht nur in Deutschland, zu überdenken, weiter zu entwickeln und zu verbessern: Künftig muss neben der vornehmlichen Vermittlung von fachlicher Bildung erheblich mehr zur gesellschaftlichen Bildung, welche die fachliche enthält, beigetragen werden.

Und vielleicht stimmen Sie mir nach dem Lesen dieses Buchs zu: Ein Reihe von Schlussfolgerungen aus den Erkenntnissen des Verhaltens biologischer Wesen müssten einfließen.

Gesellschaftliche Bildung bedeutet vor diesem Hintergrund zwei Komplexe:

- Einerseits eine *ganzheitliche* Bildung ab Geburt, die Persönlichkeiten hervorbringt, die *in* der Gesellschaft und *für* sie Beiträge bringt. Und die Menschen glücklich macht: Sich selbst und Andere. Die gesellschaftsfreundliche Werte vermittelt.

- Anderseits den Teil des meist unbewussten Lernens, der *nach* der Schulausbildung und dem Berufseintritt durch jegliche öffentliche Kommunikation stattfindet und die Gesellschaft als

Ganzes prägt. Dieser Teil wird heute nicht wirklich als Bildung verstanden - und zerstört daher eher Werte, als dass er sie aufbaut.

Ganzheitliches Erziehungs- und Bildungskonzept

Die menschliche Gesellschaft muss besser als bisher verstehen, was es wirklich bedeutet, dass die Entwicklung, Erziehung und Ausbildung junger Menschen *ab Geburt* beginnt und dass Eltern, danach Erzieher/innen die wichtigsten Rollen in der Ausbildungskette spielen.

Es muss besser als bisher verstanden werden, dass die *Aufsetzpunkte* und Verantwortlichkeiten für Folgestufen erarbeitet, vereinbart und insbesondere den Eltern mehrere Jahre im Voraus hinreichend bekannt sein müssen.

Dabei müssen nicht nur die Zielsetzungen für alle im Bild rechts aufgetragenen Lernbereiche und die zugehörigen Mindestfähigkeiten vereinbart sein, es muss auch erarbeitet und den Menschen vermit-

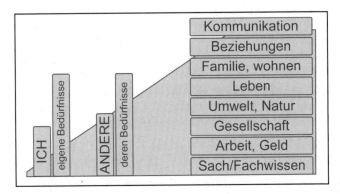

telt werden, wie man dahin kommt.

Eltern und Erzieher müssen, wie vorne ausführlicher skizziert, den Weg kennen, wie man ein Kind ab Geburt über die ICH bezogenen Bedürfnisse eines unbewussten Ado zu den Bedürfnissen ANDERER führt und so einen Ebe aus ihm formt: Eine Persönlichkeit.

Gesellschaftliche Bildung

Sie müssen auch wenigstens näherungsweise verstehen, dass der altersangepasste Mix aus der Entwicklung von Sozialkompetenz und fachlichen Fähigkeiten zu Beginn, im Bild links, nur auf der Seite von Sozialverhalten liegt und im Laufe der Kette bis ganz rechts im Bild *nicht* auf Null abnimmt.

Nicht nur die fachlichen Fähigkeiten, auch das Sozialverhalten sind beide Gegenstand lebenslangen Lernens.

Es muss auch besser als bisher verstanden werden, dass eine Gesellschaft, ein Staat nicht alles „von oben herab" regulieren soll, sondern dass die gesellschaftlichen Bildungssysteme, alle, neuestes Wissen zur Verfügung stellen und vermitteln sollen, damit die Menschen eigenverantwortlich und gesellschaftlich handeln können.

Und lassen Sie mich das deutlich aussprechen: Es geht um unsere eigene Konditionierung, als Bürger einer ethischen Gesellschaft. Nicht zu solchen, die maschinenhaft befolgen, was andere ausdenken, sondern zu solchen Menschen, die selbstkritisch und weltoffen in der Lage sind, sich selbst dadurch gegen Manipulation zu schützen. Eigenantrieb ist gefragt.

In der Weltgesellschaft, kulturunabhängig, muss ein Mindestmaß an Konsens darüber entwickelt werden, was wirkliche Persönlichkeiten ausmacht und wie sie entwickelt werden können. Das kann nur eine politische Aufgabe sein.

Gesellschaftliche Kommunikation und Bildung

So wie Menschen *ab Geburt konditioniert* wurden, durch die GVK ab Zeugung und durch individuell Gelerntes in den Kinder- und Jugendjahren, nehmen sie wahr, interpretieren sie, empfinden und denken sie fortan. Dort sind ihre Resonanzstellen, auf die sie sensibilisiert sind, die Neigungen und Zentren ihrer Fähigkeiten.

So entstehen Machos oder Zicken, Musiker, Hochleistungssportler, ZEIT- und BILD- Leser, Forscher, Wissenschaftler und LKW-Fahrer.

Sie haben verschiedene lifestyles, verschiedene Haltungen gegenüber Mode und Trends, sind konservativ oder progressiv, reisen in der Welt herum oder lieben ihren Schrebergarten. Und sagen Sie jetzt bitte nicht: Das ist gut so.

Die einen sehen sich im Fernsehen die täglichen soaps an, die Kochsendungen, die Super- Nannys, die Streitereien mit psychologischer Beratung, Aschenputtel Filme von Superreichen und Schönen und Berichte über Prominente und die anderen konsumieren Nachrichten, politische Diskussionen und Dokumentationen über Natur, Wissenschaft, Wirtschaft, Technik oder Kultur.

Sie alle sind Konsumenten.

Sie konsumieren Kommunikation, offene und versteckte Botschaften. Sie würden am liebsten immer wieder das gerne wahrnehmen und „konsumieren", was ihnen ein angenehmes Gefühl bereitet.

Viele von ihnen sind gleichzeitig auch Lieferanten von Medien:

Lieferanten von Kommunikation: Als Angestellter, Manager, Lehrer, Journalist, über Presse und Magazine, über Rundfunk und Fernsehen, in der Politik, als Filmemacher, Unternehmer oder Autor von Büchern. Sie liefern Produkte und Designs, Botschaften in Rundfunk und TV von Katastrophen, vom Weltgeschehen, von Erfolgen und Missgeschicken, von Prominenten, Sex und Brustoperationen. Am Stammtisch und am Arbeitsplatz tauschen sie Botschaften aus und tragen so zu jeglicher Meinungsbildung bei.

Und das ist das Fazit daraus:

Konsumenten sind auf Neigungen konditioniert und Lieferanten nutzen diese Neigungen aus, um in ihrem Geschäft damit Geld zu verdienen. Sie verdienen umso mehr Geld, je besser sie die Neigungen ihrer Zielgruppen treffen. Und je mehr sie diese Neigungen *verstärken*, umso mehr können sie künftig verdienen.

Mit anderen Worten: So wie die Gesellschaft konditioniert ist, funktioniert sie auch, mit einer Spirale in genau diese Richtung und nur ganz wenig Gegensteuerung.

Wenn Sex und Pornografie zu den häufigsten Suchwörtern im INTERNET gehören, wenn Prostitution, Kinderpornografie, Gewaltspiele, beliebige Obszönitäten so nachgefragt werden wie heute, wenn Klein- und Großkriminalität so zunimmt, dass Spaziergänge und Urlaubsreisen zum Risiko werden, wenn auch hochrangige Politiker keine Ahnung haben, wie sie Konflikte wie zwischen Israel und Palästina lösen könnten, lässt sich leicht eine Aussage zur durchschnittlichen Konditionierung der Menschen in unserer heutigen Gesellschaft machen: Sie ist getrieben durch die untersten, primitivsten Ebenen der GVK.

Und Sie können sicher sein: Wenn solche Dinge heute auffällig sind und durch die Medien gehen, bedeutet das, dass die Dunkelziffer solchen Verhaltens erheblich größer ist: Es könnte sogar der überwiegende Teil der Bevölkerung sein.

Unternehmen können nur Umsatz und Gewinne erzielen, wenn sie die Interessen der Zielgruppen gut treffen. Liegen die bei Sex, Porno, Gewaltsport, Kriegsspielen, Gewinngier, bei oberflächlichen TV-Glücksfilmen, bei modernen Märchen von reichen Prinzen und vollbusigen Aschenputteln, dann werden Unternehmen Produkte und Marktkommunikation anbieten, die genau das verstärken.

Und in weitem Abstand führen tatsächlich Kommunikationsinhalte, die letztlich aus dem Sexualverhalten hervorgehen: Attraktivität von Partnern, Sex, Heirat, Scheidung und Abfindung, Mode, leichte Bekleidung, Muskeln, Lässigkeit, Überlegenheit, Hierarchien, Porsche, Daimler und Lamborghini, Business Class, Geld, Macht, Villa ... sex sells!

Gleich gefolgt von Meldungen über Macht, Rücksichtslosigkeit, Niederlagen, Unfälle, Katastrophen, fast gleichgestellt mit Video- und Computerspielen, in denen auch der Schwächere „stark" spielen und anderen Menschen Niederlagen und Tod beibringen kann: „Only bad news are good news".

Wer genau hinsieht, erkennt in jeglicher Medienkommunikation, wie die GVK ausgenutzt werden: Suchen nach Vorteilen und Gewinnen zu Lasten Anderer, zu Lasten der Teile der Gesellschaft, die sich nicht dagegen wehren können: Die Unwissenden, die Kinder und Jugendlichen.

Wollen Sie das?

Wollen wir alle, die Gesellschaft, vertreten durch so genannte Politiker, das zulassen?

Man muss nur immer wieder das Lern-, Verhaltens- und Kommunikationsmodell betrachten, um zu erkennen, was da weitgehend unbemerkt mit uns und durch uns geschieht. Deshalb wurden im nächsten Bild alle Lerninhalte des Lernturms zusammen als *Konditionierung* charakterisiert.

Auf jeden Menschen der Gesellschaft strömt alles ein, was er wahrnehmen kann und intellektuell wahrnehmen will. Alles, was seine Filter durchdringt, kommuniziert zu ihm und alles, was auch nur halbwegs auf sein Interesse stößt, aus welchem Grund auch immer, wird in irgendeiner Form gelernt und trägt so zur Weiterentwicklung seiner Konditionierung bei:

Das alles ist gesellschaftliche Kommunikation.

Und bedenken Sie dabei:

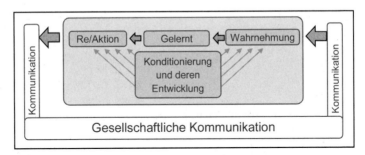

In Abhängigkeit seiner aktuellen, momentanen Konditionierung kann jeder Mensch aus dem, was er *neu* wahrnimmt, etwas *anderes* lernen: Seine bisherige Konditionierung beeinflusst seine weiter entwickelte Konditionierung, positiv wie negativ.

Dabei muss man auch verstehen, dass in jedem Mensch eine ganz bestimmte GVK seine eigene Konditionierung *unbewusst* für gut und richtig hält und dafür kämpft: „Ich weiß doch, was ich weiß!" Das ist Ados Sichtweise, nicht die von Ebe.

In tausendfachen Variationen wird das archaisch- primitive Spiel um Sex und Macht gespielt, das Geist und Intelligenz im Dienst archaisch alter Antriebe zu höchster Effizienz entwickeln.

Und die Lebewesen, die glauben, den am höchsten entwickelten Geist zu besitzen, lassen sich über ihre primitivsten Antriebe, die GVK, steuern wie völlig unbewusste Amöben, Fische, Ratten oder Hamster.

Integere Persönlichkeiten?

Es ist ein gnadenloser Kampf, in der es sehr viel mehr Verlierer als Gewinner gibt - so lang diese Spielregeln von den Einen gespielt werden, um diejenigen auszunutzen, die das Spiel noch nicht erkennen.

Integere Persönlichkeiten?

Die Schere zwischen Menschen auf der Sonnen- und Schattenseite muss so zwangsläufig immer weiter aufgehen: Zwischen Industrie und Konsumenten, zwischen Industrienationen und Entwicklungsländern und weltweit.

Integere Persönlichkeiten?

Das archaische Prinzip der Evolution kennt keinen anderen Weg, als den der Gewinnmaximierung der Starken zu Lasten von Schwachen, einschließlich Ausbeutung.

Das Streben nach Maximierung der Replikationsbilanz, ursprünglich aus ganz anderen Gründen, führt so zwangsläufig zu einem gesellschaftsfeindlichen Anschlag:

Der Zerstörung der eigenen Umwelt.

Was ist zu tun, strategisch gesehen?

Die Menschheit muss verstehen, dass das *dynamische Gleichgewicht* der Milliarden Jahre alten *unbewussten* Evolution durch die *Entstehung des Bewusstseins* einer einzigen Spezies völlig verloren gegangen ist.

Sie muss verstehen, dass die *Gegenkopplungen* fehlen, die das dynamische Gleichgewicht im natürlichen System auf der Erde stabilisierten. Es läuft dadurch an absolute Grenzen und kippt, ganz zwangsläufig und hundertprozentig!

Regelungstechniker verstehen sofort, was hier steht.

Es gibt nur einen einzigen Weg, eine Gegenkopplung zu erzeugen: *Eigenantrieb per Bewusstheit* darüber, welche Rolle unser Bewusstsein in Verbindung mit den GVK bisher spielte und welche sie eigentlich spielen muss.

Und das bedeutet, dass die menschliche Gesellschaft ganz dringend rechtschaffene, *integere Persönlichkeiten* benötigt: Sowohl als Kandidaten für gesellschaftliche Managementaufgaben, wie auch als Bürger und Wähler. Die Menschen müssen verstehen, was da wirklich abläuft.

Ein weiterentwickeltes Bildungssystem muss solche Inhalte den Kindern vermitteln, weil sie ein paar Jahre später selbst zu Eltern werden.

Es bedeutet auch, dass die gesellschaftliche Kommunikation aller Medien umdenken und in verantwortlichem Umfang solche Inhalte an Erwachsene kommunizieren muss.

Das wiederum erfordert Menschen, die helfen, solche Veränderungsprozesse unermüdlich anzuschieben. Persönlichkeiten!

Zusammenfassung

Es muss in der Gesellschaft verstanden werden, dass jegliche Kommunikation, die auf einen Menschen einwirkt, einen Beitrag zur Bildung darstellt. Das gilt ganz besonders für die Medien.

Es muss aber auch verstanden werden, dass für eine ethische Gesellschaft die frühen Stufen der Erziehung und Bildung eine besondere Bedeutung haben, weit über Sachwissen hinausgehend. Hier bedarf es der besonderen Aufklärung von Eltern und solchen, die es bald werden.

Was können Bürger und Staat tun?

Verantwortungsbewusste Persönlichkeiten setzen sich, im Interesse all ihrer Nachkommen, für eine ethische Weiterentwicklung der menschlichen Gesellschaft ein. Sie suchen und finden den Konsens mit Gleichgesinnten und setzen sich für die Umsetzung auch idealistische Visionen ein.

In allen Ländern gibt es Menschen, die sich für Veränderungen in den Gesellschaften einsetzen. Ob sie das aufgrund eigener Erfahrungen und Überlegungen machen oder weil sie vom EG überzeugt sind, ist dabei nicht wichtig.

Die meisten setzen sich für Teilaspekte zur besseren Lebensqualität ein: Gegen das Artensterben, für Klimaschutz, gegen Wirtschafts-Globalisierung, gegen Umweltverschmutzung, gegen Finanzmachenschaften etc.

Alle tragen ein wenig zur Aufklärung der Bevölkerung bei: Sie machen langsam den Raubbau bewusster, der in der Welt geschieht. Ohne Bewusstheit um unsere eigene Natur muss der Raubbau aber erst mal geschehen, damit die Mehrheit der Bevölkerung das auch glaubt. Das bewirkt der Ado in uns allen, dem das Hemd näher sitzt als die Jacke.

Wenn wir erwachsenen Bürger und Wähler am gesamten Bildungssystem ansetzen, wie hier beschrieben und aus unseren Kindern wirkliche Persönlichkeiten entwickeln, dann dürften alle diese notwendigen gesellschaftlichen Veränderungen spätestens ab der nächsten Geberation wirklich in die Tat umsetzbar sein. Und wenn wir klug und mutig sind, dann lassen sich schmerzliche Erfahrungen vermeiden, die sonst für das Lernen erforderlich sind.

Der Stein dazu kommt aber nur über die breite Kommunikation darüber ins Rollen: Über Leser wie Sie.

Die Gesellschaft muss statt in Fragmenten mehr in Zusammenhängen denken. Es muss verstanden werden, dass Ados GVK in allen Fragmenten des Lebens schädliche Nebeneffekte haben. Und es muss verstanden werden, dass dem weitaus am besten und einfachsten mit einer entsprechenden Kindererziehung von Anfang an begegnet werden kann. Mit einer Überlagerung der GVK mit Inhalten des Ethischen Grundgesetzes EG.

Entwickeln Sie Ihre Kinder zu wirklichen Persönlichkeiten, etwa wie in diesem Buch beschrieben. Reden Sie mit Ihren Bekannten und Freunden darüber und bitten Sie die, ebenfalls positiv darüber zu reden.

Engagieren Sie sich in Ihrer Gemeinde dafür, Elternbildung und Elterninformation zu betreiben, um die Erziehung der Kinder, etwa wie hier beschrieben zu intensivieren und in die Breite zu tragen.

Verlangen Sie von Ihrem Abgeordneten, dass er sich sinngemäß auf der politischen Bühne für solche Ziele einsetzen muss, damit sie ihn wählen.

Verlangen Sie von Ihrer Tageszeitung, dass sie wöchentlich einmal über die Notwendigkeit von Elterninformation, Kindererziehung, Bildungssysteme und Konsequenzen mangelhafter Bildung schreibt.

Verlangen Sie von Ihrem Rundfunksender, dass er wenigstens einmal je Woche auf die Notwendigkeit von *richtiger* Bildungsreformation berichtet.

Aber verlangen Sie nicht einfach Berichte über den Lehrermangel, von Ganztagsschulen oder Gesamtschulen oder von Scheinerfolgen. Verlangen Sie jährlich deutlich erkennbare Schritte zur Optimierung der Entwicklung der Persönlichkeit von Menschen.

Positiv formuliert: Wenn viele Bürger und Wähler zu einem neuen Bild einer besseren Gesellschaft kommen, wie auch immer, beispielsweise auch durch Anregungen aus diesem Buch, dann werden sich auch Wahlprogramme anpassen - weil nur solche Kandidaten und Programme gewählt werden, die der veränderten Sichtweise der Bürger entsprechen.

Wenn wir also unsere Gesellschaft in positiver Richtung verändern wollen, schneller und zielgerichtet, nicht nur orientiert an schlechten Erfahrungen, dann muss die Konditionierung der Bevölkerung sinngemäß verändert werden.

Solch eine Revolution kann so lang nicht von *oben* kommen, so lang dort eher die Ados dominieren: Schließlich sitzen die Ado- Prachtexemplare der Ado- Bevölkerung fast immer ganz oben.

Und es sind nicht nur die Dominanz- Ados, sondern auch die verflachenden Spaßgesellschaft- Ados, die zur Verflachung führen.

Kurz:

Helfen Sie doch mit, wenn Sie die Inhalte dieses Buchs unterstützen wollen, Zellen zu bilden und die Botschaften zu verbreiten, lautstärker als es bislang gelungen ist.

Helfen Sie insbesondere mit, das heutige Bildungssystem zu verbessern, es nicht nur als Lehrstätte für Fachausbildung Ihrer Kinder zu verstehen und dann zu vergessen, sondern als das wichtigste Instrument überhaupt, um eine ethische und dadurch wirtschaftlich besonders starke Gesellschaft zu entwickeln:

Eine Gesellschaft von Persönlichkeiten.

Was können Bürger und Regierung tun?

Anhang
Wie man die GVK findet

Die *detaillierte* Ableitung der Grundverhaltenskomponenten GVK als Argumentationskette ab Physik und Chemie, zusammen mit der Gehirnentwicklung und vielen weiteren ungewohnten Sichtweisen ist in einem Grundlagenbuch[31] beschrieben.

In diesem Anhang ist dieser Weg aus Platzgründen sehr knapp, bis etwa zur Plausibilität *skizziert*.

Und dieser Weg geht so:

Sieht man von göttlichen Schöpfungsgeschichten ab, kann es nur einen *evolutionären Entstehungsweg* für Lebewesen geben. Das ist heute auch unbezweifelter Stand der Wissenschaft.

Da alle Lebewesen, Pflanzen wie Tiere, aus Molekülen bestehen, *muss* es einen evolutionären Prozess geben, der unbewusst und automatisch beginnend bei Molekülen sinnvolle Organismen entstehen lassen kann.

Entlang dieses Prozesses wollen wir die Entwicklung von Verhalten verfolgen.

Wie entstehen aus Atomen Moleküle?

Atome und Moleküle können aneinander haften, wenn sie zueinander passende Anziehungsmuster haben und sich in geeigneter Energielage begegnen. Sie können auch wieder zerfallen, wenn sie beispielsweise in eine höhere Energielage gelangen.

Zur Vereinfachung nennen wir das Verhältnis aus Entstehung und Zerfall solcher Moleküle Entstehungsbilanz.

---

[31] Dieter Brandt: **Menschen sind** ....klug, primitiv, egoistisch, gierig, intelligent...

Ist für einen bestimmten Molekültyp die Entstehungsbilanz > 1, so entstehen immer mehr Moleküle dieses Typs. Seine Gesamtmenge steigt.

Vor 4 Milliarden Jahren gab es in den Urmeeren, stehenden und fließenden Gewässern und Tümpeln eine riesige Zahl verschiedenster Molekültypen mit Entstehungsbilanzen > 1. Nach genügend langer Zeit, nach tausenden von Jahren und laufender Durchmischung hatte sich die Menge solcher Typen merklich erhöht in der Menge der anderen: Die Konzentration stabilerer Moleküle war deutlich gestiegen.

Als Konsequenz kam es zu vermehrten Reaktion auch zwischen diesen stabileren Typen. Es entstanden komplexere Molekültypen, von denen viele wieder Entstehungsbilanzen > 1 hatten. Deren Menge stieg über tausende von Jahren an: Ihre Konzentration stieg. Das geschah gleichzeitig wieder mit einer gewaltigen Zahl unterschiedlicher komplexerer Molekültypen.

Bei Begegnung konnten sie wieder komplexere, auch stabilere neue Molekültypen bilden, manche konnten dazu auch andere wieder zerlegen. Und immer gilt das Selektionskriterium: Wer stabiler ist, wer über eine stärkere Bindung verfügt, wer eine Entstehungsbilanz > 1 hat, dessen Konzentration erhöhte sich.

Aus dieser einfachen Beobachtung lassen sich bereits ein Antrieb und ein Grundverhalten herausfiltern:

- Es gibt einen Antrieb zur Entstehung: Die molekulare Anziehung,
- Es gibt eine selektierende Fähigkeit: Die Bindungsstärke.

Per Zufall[32] entstanden auch bestimmte Zucker, Basen und Nukleinsäuren. Das sind solche recht stabilen Molekültypen. Die können, unter Anwesenheit von Enzymen, ganz besondere Strukturen bilden: Doppelketten, die sich unter bestimmten Bedingungen der Länge nach aufspalten können, wobei sich dann jede Teilkette aus der Umgebung die fehlenden Teile anschließend wieder aneignen kann.

Solche Moleküle haben eine Art Kopierfähigkeit: Sie können sich *replizieren.* Durch ihre Replikationsfähigkeit stieg ihre Zahl besonders

---

[32] *Experiment von Stanley Miller und Clayton Urey 1953 im Labor der University of Chicago*

schnell, wenn genügend Baumaterial existierte. Und sofern sie eine Entstehungsbilanz > 1 hatten.

Auch von solchen stabilen *replikationsfähigen* Molekülen gab es wieder riesige Mengen *verschiedenster* Typen.

Ab jetzt wird die *Entstehungsbilanz* in *Replikationsbilanz* umgetauft: Nur der Begriff wird ausgetauscht, alles andere bleibt.

Mit wachsender Menge solcher replikationsfähiger Moleküle stieg die Begegnungshäufigkeit auch unter ihnen. Wieder auch mit möglichem Zerfall und möglicher Aneignung von Bruchstücken.

Replikationsfähige Moleküle wurden größer und komplexer, immer nach dem gleichen Prinzip der Replikationsbilanz.

Wann immer sich zufälligerweise Bruchstücke und replikationsfähige Teile begegneten, die zusammen eine höhere Replikationsbilanz aufwiesen, stieg deren Menge.

Einige konnten vielleicht erste Proteinfäden bilden, mit denen sie angeln konnten, andere Häutchen, mit denen sie vielleicht nach Baumaterial fischten. Vorstufen von Zellbildungen.

Bis es zu zellularen Strukturen kam, zu Mehrzellern, zu Geisel- Antrieben, zu anderen Ausführungs- und Wahrnehmungsorganen. Und alles in winzigsten Evolutionsschritten, über Millionen und Milliarden von Generationen.

Immer nach dem Prinzip der Replikationsbilanz.

    Die Eigenschaften, welche die Replikationsbilanz beeinflussen, wirken unverändert wie Selektionskriterien, wie Filter.

Wie schafft man damit die Kurve zu Verhalten und GVK?

Sie können sich jetzt mit diesem Ansatz jedes beliebige Verhaltensthema überlegen, jeweils mit zwei entgegen gesetzten Reaktionen: Die Reaktion, die einem *einzelnen Individuum*, gleich ob Molekül oder Zelle, mehr Vorteile für Leben, Überleben und Replikation gibt, wird sich zwangsläufig weiter vererben - und in der Menge steigen, wenn es die Replikationsbilanz auf Werte > 1 hebt. Beispiele:

- Soll ich vorsichtig sein oder unvorsichtig?
  Vorsicht schützt eher vor Fressfeinden, das erhöht die eigene Bilanz. Unvorsichtige werden eher gefressen, das reduziert die Replikationsbilanz.
- Soll ich eher nach Stärke streben oder nach Schwäche?
  Stärke verschafft mehr Futter und gibt mehr Sicherheit: das erhöht die Bilanz. Schwächen reduzieren die Bilanz.
- Soll ich bei der Replikation anderen den Vortritt lassen oder lieber mich selbst replizieren?
  Selbst replizieren erhöht die eigene Replikationsbilanz, anderen den Vortritt lassen reduziert sie.
- Soll ich erkämpfte Nahrung anderen geben oder lieber selber essen?
  Nahrung selbst verwenden stärkt den eigenen Organismus, ihn mit anderen zu teilen schwächt ihn eher und stärkt den Wettbewerber.
- etc.

Aus solch einfachen Fragen und der Bilanzregel als Auswahlkriterium lassen sich Grundverhaltenskomponenten GVK ableiten, welche die Replikationsbilanz steigern. Gegenteiliges Verhalten senkt sie.

Damit sinkt die Konzentration solcher Molekültypen und Organismen, deren gegenteiliges Verhalten zu den GVK ihre Replikationsbilanz sinken lässt. Sie werden immer weniger, bis sie ausgestorben sind.

Die Natur arbeitet als Dr. Zufall: Sie lässt jede Menge Varianten und Versionen zufällig entstehen und probiert sie aus: Ist die Replikationsbilanz einer Varianten dauerhaft > 1, so ist das Experiment erfolgreich. Die Konzentration dieses Typs steigt. Ist sie dauerhaft <1, sinkt die Konzentration dieses Typs bis fast keines mehr da ist.

Dieser Prozess lässt sich gedanklich für Moleküle, Großmoleküle, Einzeller, Mehrzeller, beliebige unbewusste Organismen durchführen:

Man stellt immer nur die Frage, welches Verhalten von zwei gegenüberliegenden die Replikationsbilanz in der Nische steigen oder sin-

Anhang

ken lässt und kommt so automatisch auf die Grundverhaltenskomponenten GVK: Auf alle.

Eigentlich viel zu einfach für solch eine wunderbare Natur.

Oder sollte man sagen: Genial einfach?

Wichtig ist dabei, dass es sich um einen *unbewussten* Prozess handeln muss. Die Objekte, Moleküle, Zellen, Organismen können sich nicht absprechen. Sie haben keine gemeinsamen, nur individuelle, egozentrische Ziele.

Es gibt also nur Individuen.

> Alle dauerhaft in der unbewussten Evolution
> Überlebenden können nur Egozentriker sein.

Es lässt sich leicht zeigen, dass je nach Komplexität und Typ von Molekülen oder Organismen nur die *Sprechweisen* für deren *Entstehung* verschieden sind:

- *Entstehung* für Teilchen, Atome und Moleküle,
- *Replikation* für kopierfähige Großmoleküle und
- *Fortpflanzung oder Replikation* für Pflanzen, Tiere, Menschen.

Replikation und Fortpflanzung gehen evolutionär aus der Entstehung von Molekülen hervor (vgl. Grundlagen).

Entstehung, Replikation und Fortpflanzung sind damit der fundamentale *Grundantrieb*, von dem alles ausgeht.

Der Typ von Individuum, der die höhere Replikationsbilanz hat, der also mehr Nachkommen hat, an die er sein Verhalten vererbt, die steigen in der Anzahl. Wir reden dann von der Lebensform. Mit den Organismen, die sich während vieler Generationen in der Menge erhöhen, erhöht sich auch die Häufigkeit, ihr Verhalten anzutreffen.

Mit anderen Worten: Verhalten, das die Replikationsbilanz *nicht* oberhalb 1 halten kann, stirbt aus. Und Verhalten, das zu Replikationsbilanzen > 1 führt, *erhöht* sich in der *Konzentration*.

Grundverhaltenskomponenten, die wir heute an Lebewesen entdecken, sind gewissermaßen die übrig gebliebenen Verhaltensweisen, weil das gegensätzliche Verhalten ausgestorben ist.

Und das gegensätzliche Verhalten ist ausgestorben, weil es gegenüber Alternativen die Replikationsbilanz nicht nachhaltig > 1 halten konnte.

Hört sich komplizierter an, als es ist: Vielleicht greifen Sie zum Grundlagenband, wenn Sie es gerne detaillierter und ausführlicher hätten.

Dort finden Sie auch die manchmal fast unglaublich klingenden Schlussfolgerungen.

Und man erkennt, wie sehr wir uns täglich von den archaisch primitivsten Antrieben leiten lassen, sogar verstärkt durch unsere Intelligenz und den so genannten Geist.

Ergänzende Literatur zum gesamten Themenkomplex

Ditfurth: Im Anfang war der Wasserstoff, DTV
Ditfurth: Der Geist fiel nicht vom Himmel, DTV
Weinert: Zeit, Liebe, Erinnerung
De Duve: Aus Staub geboren   Spektrum
Everett / Steindorf: Frieden lernen, Cornelsen Scriptor
Schulz von Thun: Miteinander reden, Bd1 und Band2,
xxx : Transaktionsanalyse
Mason, Stephen: Chemical Evolution, Oxford University Press,
Dawkins, Richard: Das egoistische Gen, rororo
Dawkins, Richard: Der Gotteswahn
Prof.Singer: Das Ende des freien Willens?, Spektrum der Wissenschaft 2/2001
Daniel Goleman: Emotionale Intelligenz, Hanser Verlag,
Frederick Vester: Denken, Lernen, Vergessen, dtv
Manfred Spitzer: Lernen
Manfred Spitzer: Vorsicht, Bildschirm
Manfred Spitzer: Geist im Netz, Spektrum
Calvin, William H. : Die Sprache des Gehirns, Hanser,
Skinner, B.F. *(1974) About Behaviorism. New York: Knopf*
Robert.S.Woodworth: A study of mental life Stimulus-Organism-Response (S-O-R)
Irenäus Eibl-Eibesfeldt: Liebe und Hass, zur Naturgeschichte elementarer Verhaltensweisen, Piper
Pease, Allan & Barbara: Warum Männer nicht zuhören und Frauen schlecht einparken, Ullstein
Wofgang Rost: Emotionen. Elixiere des Lebens, Springer
Hüther, Prekop: Auf Schatzsuche bei unseren Kindern, Kösel Verlag

Ergänzende Literatur

Gertrud Höhler: Spielregeln für Sieger, ECON,

Deborah Tannen: Du kannst mich einfach nicht verstehen, KABEL

Fanita English: Es ging doch gut, was ging denn schief? Kaiser

Sprenger: Mythos Motivation,

Gregory Bateson: Ökologie des Geistes, Suhrkamp Taschenbuch Wissenschaft,

Rothacker: Die Schichten der Persönlichkeit,

Francis Schaefger: Wie können wir denn leben? Telos

Werner Gitt, Manfred Wermke: Schöpfung oder Evolution

Alfred Dick: Schöpfung und Natur

Konrad Lorenz: *Das sogenannte Böse. Zur Naturgeschichte der AGression.* dtv

Konrad Lorenz: Die acht Todsünden der zivilisierten Menschheit

Wie kam es zu diesen Büchern?

Dieter Brandt hatte schon immer eine Leidenschaft zu Naturwissenschaften und Technik. Er studierte Nachrichtensysteme an der Universität Karlsruhe und war ein halbes Berufsleben lang mit elektronischer Technik für die Telekommunikation befasst.

In der zweiten Hälfte seines industriellen Berufslebens leitete er das Marketing zweier Firmen: Vornehmlich, um zu besseren Produkten zu kommen. Dann aber auch, sie besser zu vermarkten.

„Wie versteht und verändert man Kaufverhalten?" war die wichtigste Frage der damaligen Zeit. Sehr schnell driftete die Fragestellung von Kaufverhalten zu generellem Verhalten. Die in der ersten Hälfte des Berufslebens trainierte technische Analytik und Systematik half jetzt, den Dingen immer mehr auf den Grund zu gehen: Auf Fakten aufbauend, nüchtern und penetrant hinterfragend. Und jede Antwort von allen Seiten beleuchtend.

Viele Eindrücke von Menschen anderer Kulturen, gesammelt auf vielen Geschäftsreisen um die ganze Welt, lieferten weitere Bausteine und Mosaikteile zum Studium menschlichen Verhaltens.

Richard Dawkins Buch „The selfish Gene" lieferte einen wichtigen Anstoß, Verhalten ab Chemie und Physik auf ein stabiles Fundament aufzusetzen.

Das war der Durchbruch.

Als das System der GVK und die Rolle von Intelligenz und Geist aufgedeckt waren, purzelten die Schlussfolgerungen geradezu aus der Kiste: Plötzlich war klar, warum die menschliche Gesellschaft sich so entwickelte, wie sie sich entwickelte. Und schlagartig war klar, wie das eigentlich mit Bewusstheit um unsere eigene Natur viel besser ginge.

Es war aber auch schlagartig klar, dass unsere eigene Natur einer bewussten, statt unbewussten Evolution der Gesellschaft massiv im Wege steht.

Mit einer „Marketingdenkhaltung" allerdings erkennt man die Ansätze, auch dieses Hindernis zu überwinden.

Bücher der Reihe Gesellschaftsevolution

Was ist die menschliche Natur? Die soviel Fortschritt bringt und soviel Leid? Gier, Machtwille, Rangordnung, Sex, Eroberung: Genetisch verankerte Grundverhaltens- Komponenten? Von denen sich die Verhaltensmuster im Alltag ableiten? Ein Archaisches Grundgesetz der unbewussten Evolution? Geist als Verstärker und Diener? Gefühle etwas Rationales? Was ist freier Wille wirklich? Ein Ethisches Grundgesetz der bewussten Evolution? Gesellschaftliche Kommunikation und Bildung? Schlüssel für eine andere Gesellschaft?
ISBN 978-3-9813086-0-0

Lernen, Intelligenz, Sozialverhalten aus Sicht biologisch-evolutionär entstandenen Verhaltens?. Genetisch verankertes Grundverhalten GVK? Gehirnentwicklung und Lernverhalten? Persönlichkeit ab Geburt? Lernphasen im Laufe des Lebens? Wille, Gefühle, Geist? Intuitives Elternverhalten? Bildungswesen? Gesellschaftliche Auswirkungen?
Eine stark erweiterte Sicht auf Persönlichkeitsentwicklung und Bildung.
ISBN 978-3-9813086-1-7

Was ist dran an Gottglaube und Religionen? Wie kam es dazu? Passt religiöser Glaube zur Geisteshaltung Gottes? Passt das eher zur Geisteshaltung der Menschen? Genetisch verankertes Grundverhalten führt zwangsläufig zu Glauben? Alle Überlieferung als Indizien, dass Glaube und Religionen nur von Menschen kommen, nicht von Gott? Die Merkmale aller Religionen liegen zwischen Archaischem und Ethischem Grundgesetz? Gott hält eine Rede? Überraschende Ergebnisse zum Thema Glauben an Übernatürlichkeit und Religionen!
ISBN 978-3-9813086-2-4

Bücher der Reihe Gesellschaftsevolution